APLICAÇÕES DE CONTABILIDADE FINANCEIRA

APLICAÇÕES DE CONTABILIDADE FINANCEIRA

ALMEDINA

APLICAÇÕES DE CONTABILIDADE FINANCEIRA

AUTORES
Isabel Cruz, Susana Jorge e Liliana Pimentel

EDITOR
EDIÇÕES ALMEDINA, S.A.
Rua Fernandes Tomás, n.os 76, 78 e 79
3000-167 Coimbra
Tel.: 239 851 904 · Fax: 239 851 901
www.almedina.net · editora@almedina.net

DESIGN DE CAPA
FBA

PAGINAÇÃO
Aresta Criativa – Artes Gráficas

IMPRESSÃO E ACABAMENTO
ARTIPOL - www.artipol.net

Novembro, 2019
DEPÓSITO LEGAL
464240/19

ALMEDINA | GRUPOALMEDINA

BIBLIOTECA NACIONAL DE PORTUGAL – CATALOGAÇÃO NA PUBLICAÇÃO
CRUZ, Isabel, e outros

Aplicações de contabilidade financeira / Isabel Cruz, Susana Jorge, Liliana Pimentel – (Contabilidade)
ISBN 978-972-40-7946-2

I – JORGE, Susana
II- PIMENTEL, Liliana

CDU 657

ÍNDICE

PREÂMBULO

Este livro apresenta um conjunto de exercícios no âmbito da Contabilidade Financeira, proporcionando conhecimentos aos níveis inicial e intermédio, enquadrados pelo devido normativo aplicável em Portugal – o Sistema de Normalização Contabilística (SNC).

Os casos aqui reunidos constituem uma compilação de originais e de alguns exercícios adaptados e atualizados de outros autores da Faculdade de Economia da Universidade de Coimbra (FEUC), de livros entretanto descontinuados.

Alguns resultam também da contribuição de várias pessoas que foram passando pela equipa que tem lecionado Contabilidade Financeira nas licenciaturas em Gestão e Economia da FEUC, a quem os autores gostariam de expressar os seus sinceros agradecimentos.

Os autores gostariam ainda de endereçar um agradecimento especial à colega Adriana Silva, pelo apoio oferecido na reunião e revisão do material para a elaboração deste livro.

Pensamos que o que apresentamos será útil não só a estudantes, que aqui encontrarão uma diversidade de casos ilustrativos de apoio às matérias lecionadas em sala de aula, mas também a profissionais ligados à área contabilístico-financeira, que poderão com estes complementar a sua experiência prática.

Isabel Cruz
Liliana Pimentel
Susana Jorge

NOTA INTRODUTÓRIA

O objetivo deste livro é proporcionar conhecimentos básicos para entender a contabilidade e o relato financeiro, enquanto sistema de informação indispensável para a tomada de decisões dos diferentes *stakeholders* que interagem com as entidades empresariais.

Através da apresentação de mais de 70 exercícios práticos, uns resolvidos outros propostos, devidamente enquadrados nas normas contabilísticas aplicáveis no âmbito Sistema de Normalização Contabilística (SNC), a obra introduz conceitos, métodos, técnicas, bem como as principais demonstrações financeiras, que permitem uma melhor compreensão da Contabilidade Financeira enquanto subsistema de informação para a gestão.

O livro procura enquadrar as principais operações nos respetivos ciclos de uma entidade económica e articulá-las, seguindo as orientações normativas, com as demonstrações financeiras onde devem ser refletidas e relatadas. Assim, os exercícios encontram-se organizados em quatro capítulos, abrangendo matérias de conceitos básicos e método contabilístico, operações correntes (meios financeiros líquidos, dívidas a receber e a pagar, e inventários e ativos biológicos), operações não correntes (designadamente, investimentos), e demonstrações financeiras no âmbito da prestação de contas.

O conjunto de exercícios apresentado resulta da vasta experiência de lecionação dos autores que, assim, considerando também quem com elas foi colaborando, usam os materiais que foram criando e utilizando nas suas aulas, incluindo em momentos de avaliação.

CAPÍTULO 1

—

CONCEITOS BÁSICOS E MÉTODO CONTABILÍSTICO

Os exercícios apresentados neste capítulo versam sobre noções fundamentais de Contabilidade Financeira. A saber:

- Património e agregados patrimoniais
- Classes patrimoniais
- Equação fundamental da contabilidade
- Factos patrimoniais permutativos e modificativos
- Fluxos das entidades
- Contas e regras de movimentação (método de registo contabilístico)
- Demonstrações financeiras simplificadas – Balanço

Bibliografia

Borges, A., Rodrigues, A., Rodrigues, R. (2014). Elementos de contabilidade geral. (2.ª ed.). Lisboa: Áreas Editora.

SNC – Sistema de Normalização Contabilística, Decreto-lei n.º 98/2015 de 2 de junho [Código de Contas – Portaria n.º 218/2015, de 23 de julho; Estrutura Concetual – Aviso n.º 8254/2015, de 29 de julho; NCRF 1 – Aviso n.º 8256/2015, de 29 de julho].

A contabilidade financeira pode ser definida como um sistema de informação que reflete a atividade de uma determinada entidade económica. Neste sentido, recolhe, organiza, regista e apresenta informação, essencialmente de natureza financeira, com base no que acontece no dia-a-dia da entidade, com consequências no seu património. Adicionalmente, relata e divulga periodicamente resumos da informação preparada, nas designadas demonstrações financeiras (DF), a fim de dar a conhecer a múltiplos utilizadores, a posição financeira, o desempenho e os fluxos de caixa da entidade, que se assume assim como entidade de reporte.

Ao desenvolverem a sua atividade, visando certos fins (no setor empresarial, o lucro), num pressuposto de continuidade (Estrutura Concetual do SNC, §23), as entidades económicas dispõem de meios e geram obrigações.

Assim, ao total de recursos controlados (bens com existência física ou não e direitos) e obrigações contraídas, expressos em valor monetário, por uma entidade económica, no exercício da sua atividade, chamamos de PATRIMÓNIO (*global ou complexivo*). O património é, assim, composto por um conjunto heterogéneo de elementos de diferente natureza, como sejam, máquinas, dinheiro no banco, mercadorias, dívidas a receber dos clientes, dívidas a pagar aos fornecedores, quotas noutras empresas, dívidas à banca e ao Estado, entre muitos. Há, por isso, necessidade de organização e classificação dos diversos elementos patrimoniais em grupos e subgrupos, de naturezas mais homogéneas, com o objetivo de facilitar o trabalho contabilístico, a divulgação das demonstrações financeiras e a leitura pelos utilizadores da informação financeira.

Assim, numa primeira linha, o património global de uma entidade divide-se em grandes agregados ou massas patrimoniais:

- ATIVO – recursos que a entidade controla (essencialmente, bens que possui e direitos a receber) que permitem gerar benefícios económicos futuros; e
- PASSIVO – obrigações presentes, a pagar no futuro, que resultarão em sacrifícios económicos futuros.

Por sua vez, estes dividem-se em classes, contas e subcontas que mais não são do que agrupamentos de elementos patrimoniais cada vez mais homogéneos. Nas classes são exemplos, meios financeiros líquidos, contas a receber e a pagar, inventários e ativos biológicos, investimentos, capital, reservas e resultados transitados, gastos, rendimentos e resultados. Nas contas, são exemplos depósitos à ordem, clientes, fornecedores, pessoal, mercadorias, Estado e outros entes públicos, vendas, fornecimentos e serviços externos, entre muitas, de acordo com a natureza e função dos elementos patrimoniais (ver Código de Contas do SNC).

No que respeita ao seu valor, o património global é a soma de todos os elementos ativos e passivos. Mas, a natureza diversa, e "contrária", dos agregados que o compõem, faz com que este valor perca significado económico. Na verdade, as entidades económicas têm mais interesse em perceber o valor do seu património líquido, evidenciando quanto lhe resta dos recursos depois de sanadas as obrigações, parcela que reverte para os seus proprietários. Assim, o Património Líquido é a diferença entre o total do Ativo e o total do Passivo, sendo também designado de SITUAÇÃO LÍQUIDA ou CAPITAL PRÓPRIO (este por oposição ao capital alheio, designação alternativa de passivo), ou seja:

$$\text{Capital Próprio (CP)} = \text{Ativo (A)} - \text{Passivo (P)}$$

que também pode ser traduzida por:

$$\text{Ativo (A)} = \text{Passivo (P)} + \text{Capital Próprio (CP)}$$

Esta igualdade traduz um equilíbrio fundamental (uma dualidade em aplicações de fundos – ativo, e origens de fundos para financiar as aplicações – passivo e capital próprio) traduzido no balanço, por relacionamento entre os agregados patrimoniais. É por isso conhecida como a *equação fundamental da contabilidade* ou *equação fundamental do balanço*.

Neste "equilíbrio", três situações são possíveis de ocorrer:

$$A > P \rightarrow A - P > 0 \text{ (CP positivo)}$$
$$A = P \rightarrow A - P = 0 \text{ (CP nulo)}$$
$$A < P \rightarrow A - P < 0 \text{ (CP negativo)}$$

Pelo que, $A = P \pm CP$.

Quanto à sua classificação, os elementos do ativo e do passivo podem dividir-se em correntes e não correntes, consoante permaneçam no património da entidade até um ano (sendo renovados com o ciclo de exploração) ou a médio e longo prazo (tenham alguma continuidade e permanência), respetivamente.

O património, seja ele global, bruto ou líquido, não é estático, dado que, no quotidiano das atividades das entidades económicas, existem diversos acontecimentos e operações, que se refletem em transações que têm incidência no seu património. Contabilisticamente estas transações designam-se por factos patrimoniais, e podem ser:

- PERMUTATIVOS – implicam apenas alteração na composição do património, mas não no seu valor (património líquido); ou
- MODIFICATIVOS – implicam não só alteração na composição, mas também no valor do património (património líquido).

Muitas transações são entre a entidade e outras (clientes e outros devedores, fornecedores e outros credores, Estado, mutuantes, etc.), entre as quais há troca de fluxos reais (entradas e saídas de bens e serviços) que têm como contrapartida fluxos financeiros associados a fluxos monetários.

Assim, a aquisição de bens e serviços gera, em contrapartida, a obrigação de efetuar o pagamento correspondente à remuneração destes fatores produtivos, i.e., uma saída presente ou futura de meios líquidos, independentemente da sua utilização ou consumo. Esta obrigação constitui a DESPESA, a que se associa o PAGAMENTO. Por sua vez, a venda de bens e prestação de serviços, gera o direito a receber o valor correspondente, i.e., uma entrada presente ou futura de meios líquidos. Este direito é a RECEITA, a que se associa o RECEBIMENTO. Despesa e receita são fluxos financeiros associados aos fluxos reais e que implicam fluxos monetários (contraprestação pecuniária – pagamentos e recebimentos).

Por outro lado, internamente à entidade também existem transações que correspondem a fluxos reais, nomeadamente transformações dos meios adquiridos pela empresa em bens e serviços colocados à disposição dos clientes. Os consumos ou utilizações dos meios ou recursos na produção, nas vendas e nas prestações de serviços são os GASTOS (diminuições nos benefícios económicos, associados a reduções do ativo ou aumentos do passivo), que implicam REDUÇÕES DO CAPITAL PRÓPRIO. A obtenção de produtos (bens ou serviços aptos a serem vendidos ou utilizados pelos clientes), vendas e prestações de serviços são os RENDIMENTOS (aumentos nos benefícios económicos, associados a aumentos do ativo ou reduções do passivo), que implicam AUMENTOS DO CAPITAL PRÓPRIO.

O Quadro 1 resume os tipos de fluxos e as DF em que se refletem particularmente.

Para que os impactos, das transações e dos fluxos, no património da entidade sejam refletidos nas DF, é necessário antes serem registados nos respetivos elementos patrimoniais, agregados, como referido, em contas e subcontas, dentro de classes.

Quadro 1. Fluxos das entidades

Tipos de Fluxos	Perspetiva	Demonstrações Financeiras
FLUXOS FINANCEIROS (externos): Despesas Receitas	FINANCEIRA	Balanço e Demonstração de Alterações no CP
FLUXOS ECONÓMICOS (internos): Gastos Rendimentos	ECONÓMICA	Demonstrações dos Resultados (por Naturezas e/ou por Funções)
FLUXOS MONETÁRIOS (externos): Pagamentos Recebimentos	MONETÁRIA	Demonstração dos Fluxos de Caixa

Uma conta define-se como um conjunto de elementos patrimoniais expresso em unidades de valor. Cada conta é constituída por um título (e.g. Clientes) e um valor (designado de "saldo"). Os requisitos principais de cada conta são a homogeneidade e a integralidade. Quanto aos tipos, há contas principais e contas divisionárias (subcontas).

Graficamente, a conta/subconta representa-se por um "T", que é um quadro de dupla entrada (Figura 1) onde se registam as variações positivas e negativas nos elementos patrimoniais, cada uma de seu lado, pois não há registos com sinal negativo.

Figura 1. Representação gráfica da conta

Deve/Débito	**TÍTULO**	Haver/Crédito
AUMENTOS **DIMINUIÇÕES**		**AUMENTOS** **DIMINUIÇÕES**

Em cada conta/subconta,

Saldo inicial +/– aumentos/diminuições = Saldo final

O saldo final é DEVEDOR se Débito > Crédito; é CREDOR se Crédito > Débito.

As contas/subcontas estão codificadas com números no Código de Contas do SNC, havendo contas do ativo, passivo, capital próprio, gastos e rendimentos.

Os registos nas contas/subcontas designam-se de LANÇAMENTOS, a débito e a crédito. Estes obedecem ao princípio da DIGRAFIA, que estabelece que um registo a débito corresponde (contrapartida) a um ou mais registos a crédito; ou vários registos a débito têm contrapartida em vários registos a crédito. Os valores têm que compensar, dada a necessidade de manter o equilíbrio da equação fundamental do balanço. Há vários tipos de lançamentos nas contas, designadamente lançamentos de: abertura, correntes, estorno, regularização, transferência, apuramento de resultados, e fecho.

As regras de lançamentos ou registos nas contas, dependem se foram contas do Ativo e Gastos; ou Passivo, Capital Próprio e Rendimentos. As regras derivam da digrafia e da equação fundamental do balanço:

$$A + SLp = P + SLa$$

Se

- a e a' forem aumentos e diminuições do ativo
- Sp e Sp' forem aumentos e diminuições da SL passiva
- p e p' forem aumentos e diminuições do passivo
- Sa e Sa' forem aumentos e diminuições da SL ativa

Então

$$(A + a - a') + (SLp + Sp - Sp') = (P + p - p') + (SLa + Sa - Sa') \quad \text{e}$$

$$[(A + a) - a'] + [(SLp + Sp) - Sp'] + [p' - (P + p)] + [Sa' - (SLa + Sa)] = 0$$

Se aos termos precedidos pelo sinal de "+" se chamar débitos, e aos termos precedidos pelo sinal de "–" se chamar créditos, e se substituir cada parêntesis reto por um T (conta), em que o eixo central equivale ao sinal "–", obtém-se as regras de movimentação:

- CONTAS DO ATIVO – debitam-se pelo saldo inicial e pelos aumentos; creditam-se pelas diminuições;
- CONTAS DO PASSIVO – creditam-se pelo saldo inicial e pelos aumentos; debitam-se pelas diminuições; e

- CONTAS DA SITUAÇÃO LÍQUIDA (*inicial* e *adquirida*) – creditam-se pelo saldo inicial e pelos aumentos; debitam-se pelas diminuições; a SL ADQUIRIDA SÃO OS RESULTADOS – **gastos** são diminuições (**DEBITAM-SE**) e **rendimentos** são aumentos (**CREDITAM-SE**).

As DF são quadros de síntese de informação financeira, que fazem parte do relato financeiro das entidades económicas, preparadas periodicamente, sendo que o período de relato, para as entidades sujeitas ao SNC, é anual e coincidente com o ano civil. Visam proporcionar informação útil a um vasto leque de utilizadores, para tomada de decisões económicas e para efeitos de controlo e responsabilização.

De acordo com a NCRF 1 do SNC, as DFs componentes do relato financeiro são:

- Balanço (apresenta a posição financeira e patrimonial da entidade no final do período);
- Demonstração das Alterações no Capital Próprio (apresenta as alterações na posição financeira da entidade durante o período);
- Demonstrações dos Resultados – por naturezas e por funções (apresenta o desempenho financeiro durante o período);
- Demonstração dos Fluxos de Caixa (apresenta a situação de tesouraria no final do período); e
- Anexo (apresenta informação adicional, financeira e não financeira, que complementa as DFs e ajuda na sua compreensão e análise).

As principais DF que todas as entidades com contabilidade organizada devem preparar são o Balanço e a Demonstração dos Resultados por Naturezas.

O **Balanço** (Quadro 2) apresenta os recursos e as obrigações, evidenciando o capital próprio que traduz a posição financeira líquida da entidade. A ordenação dos elementos nesta DF não é aleatória, sendo que em Portugal os elementos do 1º membro seguem a ordem crescente de liquidabilidade e os do 2º membro, ordem crescente de exigibilidade.

O Capital Próprio, como referido, resulta da diferença entre o ativo e o passivo, i.e., o que sobra do ativo depois de deduzido o passivo; não tem existência per se, mas constitui uma contrapartida aos recursos e obrigações. Pode ser visto como as "obrigações não exigíveis", que são pertença dos sócios/acionistas da entidade, sendo o montante que estes teriam direito se a entidade realizasse todo o ativo e pagasse todo o passivo. Representa os direitos dos sócios/acionistas sobre o ativo,

Quadro 2. Balanço – modelo simplificado horizontal

1.º Membro	2.º Membro
Recursos	SIT. LÍQUIDA / CAP.PRÓPRIO
ATIVO	Obrigações
	PASSIVO

correspondendo a entradas iniciais dos sócios/acionistas, resultados gerados pela empresa e não distribuídos, subsídios obtidos e outras valorizações patrimoniais.

A **Demonstração dos Resultados** por naturezas consiste num quadro demonstrativo (vertical) dos resultados apurados pela empresa num dado período, evidenciando rendimentos e gastos de acordo com a natureza dos factos que os originaram. Indica separadamente o resultado operacional ou económico (antes e depois de depreciações), resultado financeiro, resultado antes de impostos e resultado líquido do período. Pode também ser apresentada por funções, neste caso apresentando resultados de acordo com a função (destino) do gasto – custo de vendas, gastos de distribuição ou de atividades administrativas, ou gastos financeiros.

EXERCÍCIO 1.1[1]

A sociedade ACROB, Lda. dedica-se ao fabrico e comercialização de telha e tijolo de barro vermelho para a construção civil. Em 31/12/N o seu património era constituído pelos seguintes elementos (*valores em Euros*):

1. Dinheiro em caixa 380
2. Dívida à CGD a amortizar nos próximos 5 anos 7 500
3. Dívida do Cliente A. Silva, Lda. 3 000
4. Tijolo de 1ª em armazém 12 350
5. Dois automóveis ligeiros de passageiros atribuídos à gerência 4 500
6. Edifícios comerciais 45 000
7. Três viaturas de transporte 14 000
8. Dívida à Segurança Social 2 340
9. Cheques recebidos de Clientes e não depositados 1 300
10. Quota de 25% na sociedade Lua, Lda. 1 500
11. Dívida ao Fornecedor J. Coelho, Lda., a três meses 16 900
12. Dívida à Administração Fiscal (IRC) 7 050
13. Três computadores 1 350
14. 750 ações da E.D.P. 2 150
15. Dívida do cliente Construções Ribeiro, Lda, titulado por letra, a vencer a 60 dias 3 800
16. Dívida a fornecedores de equipamento, a pagar nos próximos 3 anos 60 000
17. Obrigações do Tesouro adquiridas para rentabilizar os excedentes de tesouraria 2 400
18. Terrenos onde se localizam os edifícios comerciais 8 600
19. Dólares em caixa 340
20. Dívida ao BPN a amortizar nos próximos 5 anos 34 000
21. Resultados atribuídos aos sócios e não disponibilizados 1 200
22. Terrenos destinados a empreendimento imobiliário 82 000
23. Equipamento de transporte 10 000
24. Patente do modelo de telha "*Italia*" 10 000

[1] Exercício adaptado de: Rodrigues, A., Almeida, F., Lopes, I., Cruz, I., Silva, P., Gama, P., Jorge, S. (2007). Contabilidade Financeira: Casos Práticos. Coimbra: Edições ALMEDINA.

PRETENDE-SE:

a) Classificação dos elementos patrimoniais em ATIVOS e PASSIVOS.
b) Agrupamento dos elementos patrimoniais de forma a obter:
   - b.1) Ativo Não Corrente
      - b.1.1) Ativos Fixos Tangíveis
      - b.1.2) Propriedades de Investimento
      - b.1.3) Ativos Intangíveis
      - b.1.4) Investimentos Financeiros
   - b.2) Ativo Corrente
      - b.2.1) Inventários
      - b.2.2) Clientes
      - b.2.3) Estado e Outros Entes Públicos
      - b.2.4) Outros Ativos Financeiros
      - b.2.5) Caixa e Depósitos Bancários
   - b.3) Passivo
      - b.3.1) Passivo não Corrente
      - b.3.2) Passivo Corrente
c) Cálculo do valor do Património.
d) Elaboração do Balanço da empresa Acrob, Lda., segundo a disposição horizontal.

RESOLUÇÃO – EXERCÍCIO 1.1

a) e b)

Por razões de simplicidade de apresentação, as alíneas a) e b) e respetivas subalíneas, são resolvidas em simultâneo, no quadro abaixo.

N.º DOS ELEMENTOS	RUBRICAS	VALOR (€)
1, 3, 4, 5, 6, 7, 9, 10, 13, 14, 15, 17, 18, 19, 22, 23, 24	**Ativo (3) = (1)+(2)**	**202 670**
	Ativo Não Corrente (1)	**176 950**
5, 6, 7, 13, 18, 23	Ativos Fixos Tangíveis	83 450
22	Propriedades de investimento	82 000
24	Ativos Intangíveis	10 000
10	Investimentos Financeiros	1 500
	Ativo Corrente (2)	**25 720**
4	Inventários	12 350
3, 15	Clientes	6 800
---------	Estado e Outros Entes Públicos	------
14, 17	Outros Ativos Financeiros	4 550
1, 9, 19	Caixa e Depósitos Bancários	2 020
N.º DOS ELEMENTOS	**RUBRICAS**	**VALOR (€)**
2, 8, 11, 12, 16, 20, 21	**Passivo (4)**	**128 990**
2, 16, 20	**Passivo não Corrente**	101 500
8, 11, 12, 21	**Passivo Corrente**	27 490
Património Bruto	**Ativo + Passivo (3+4)**	**331 660**

c) Valor do Património

Situação Líquida / Capital Próprio = Ativo – Passivo = 202 670 € – 128 990 € = 73 680 €

d) Balanço da empresa ACROB, Lda. (disposição horizontal)

Balanço da empresa ACROB, Lda.

31 de dezembro de N

ATIVO		CAPITAL PRÓPRIO	
Ativo não corrente			
Ativos fixos tangíveis	83 450 €	*Situação líquida*	73 680 €
Propriedades de investimento	82 000 €	PASSIVO	
Ativos intangíveis	10 000 €	Passivo não corrente	101 500 €
Investimentos financeiros	1 500 €	Passivo corrente	27 490 €
Ativo corrente			128 990 €
Inventários	12 350 €		
Clientes	6 800 €		
Outros ativos financeiros	4 550 €		
Caixa e depósitos bancários	2 020 €		
Total do ativo	**202 670 €**	**Total do capital próprio + Passivo**	**202 670 €**

EXERCÍCIO 1.2[2]

O património da sociedade BALANCEANDO, S.A. era constituído, em 1 de setembro do ano N, pelos seguintes elementos (*valores em Euros*):

1. Máquinas destinadas à produção 70 000
2. Dívidas do Estado:
   2.1. Imposto sobre o valor acrescentado (reembolso pedido) 25 000
   2.2. Retenções na fonte....................................... 1 500
3. Livrança a 90 dias, efetuada na CGD 20 000
4. Empréstimo bancário na CGD, com vencimento a 24 meses 180 000
5. Matérias subsidiárias de apoio à produção 25 000
6. Depósito à ordem na CGD 30 000
7. Terreno.. 35 000

[2] Exercício adaptado de: Rodrigues, A., Carvalho, C., Cravo, D., Azevedo, G. (2015). SNC – Contabilidade Financeira: sua aplicação. Coimbra: Edições ALMEDINA.

8. Veículo para transporte 27 500
9. Dívidas ao Estado:
   9.1. Imposto sobre o valor acrescentado 5 000
   9.2. Segurança Social 3 000
10. Produtos acabados 5 000
11. Matérias diversas 2 500
12. Dívidas a fornecedores (tituladas) 45 000
13. Dívidas diversas relativas a:
   13.1. Lucros distribuídos aos acionistas em Assembleia geral em 28-03-N 5 000
   13.2. Salários 500
   13.3. Fornecedores de investimentos 20 000
14. Participação no capital da sociedade Investebem, S.A. (40% do capital) 50 000
15. Conta corrente caucionada (limite 50 000) 1 000
16. Mobiliário de escritório diverso 10 000
17. Dívidas de clientes (tituladas) 12 000
18. Dívidas a fornecedores (correntes) 35 000
19. Depósito na CGD, a 12 meses 25 000
20. Matérias-primas destinadas à produção 15 000
21. Dívidas de clientes (correntes) 15 000
22. Edifício fabril e outras construções afetas à atividade operacional . . 150 000
23. Notas e moedas nacionais 2 500
24. 2500 ações do BCP, nominativas/portador registadas 12 500
25. Produtos em curso de fabrico 30 000
26. Marcas e patentes 3 000

PRETENDE-SE:

a) Classificação dos elementos patrimoniais em ATIVOS e PASSIVOS.
b) Agrupamento dos elementos patrimoniais de forma a obter:
   b.1) Ativos
      b.1.1) Investimentos
      b.1.2) Inventários
      b.1.3) Contas a receber

b.1.4) Meios financeiros líquidos

b.2) Passivos

b.2.1) Contas a pagar não correntes

b.2.2) Contas a pagar correntes

c) Agrupamento dos elementos patrimoniais por contas: a denominação (título) e o valor.

d) Elaboração do balanço simplificado (disposição vertical), em 1/09/N.

RESOLUÇÃO - EXERCÍCIO 1.2

a) e b)

Por razões de simplicidade de apresentação, as alíneas a) e b) e respetivas subalíneas, são resolvidas em simultâneo, no quadro abaixo.

N.º DOS ELEMENTOS	RUBRICAS	VALOR (€)
1, 2, 5, 6, 7, 8, 10, 11, 14, 16, 17, 19, 20, 21, 22, 23, 24, 25, 26	**Ativo (3) = (1)+(2)**	**546 500**
	Ativo Não Corrente (1)	**345 500**
1, 7, 8, 14, 16, 22, 26	Investimentos	345 500
	Ativo Corrente (2)	**201 000**
5, 10, 11, 20, 25	Inventários	77 500
2, 17, 21	Contas a receber	53 500
6, 19, 23, 24	Meios financeiros líquidos	70 000
N.º DOS ELEMENTOS	**RUBRICAS**	**VALOR (€)**
3, 4, 9, 12, 13, 15, 18	**Passivo (4)**	**314 500**
	Passivo não Corrente	
4	Contas a pagar não correntes	180 000
	Passivo Corrente	
3, 9, 12, 13, 15, 18	Contas a pagar correntes	134 500
Património Bruto	**Ativo + Passivo (3+4)**	**861 000**

c) Agrupamento dos elementos patrimoniais por contas

Os grupos acima apresentados podem ainda ser reagrupados, de acordo com as suas características comuns, em subgrupos mais restritos a que chamamos conta – um agrupamento ou classes de elementos ou componentes patrimoniais expressos em unidades de valor. A definição apresentada salienta duas características que tipificam uma conta: a denominação (título) e o valor.

Agrupando o ativo por contas vem que:

DESCRIÇÃO	CLASSIFICAÇÃO	VALOR (€)
1. Máquinas destinadas à produção	Ativos fixos tangíveis	70 000
2. Dívidas do Estado:		
Imposto sobre o valor acrescentado (reembolso pedido)	Estado e outros entes públicos	25 000
Retenções na fonte	Estado e outros entes públicos	1 500
5. Matérias subsidiárias de apoio à produção	Mat.primas, subs. e de consumo	25 000
6. Depósitos à ordem na CGD	Depósitos à ordem	30 000
7. Terreno	Ativos fixos tangíveis	35 000
8. Veículos para transporte	Ativos fixos tangíveis	27 500
10. Produtos acabados	Produtos acabados e intermédios	5 000
11. Matérias diversas	Mat.primas, subs. e de consumo	2 500
14. Participação no capital da sociedade INVESTEBEM, S.A. (40% do capital)	Investimentos financeiros	50 000
16. Mobiliário de escritório diverso	Ativos fixos tangíveis	10 000
17. Dívidas de clientes (tituladas)	Clientes	12 000
19. Depósito na CGD, a 12 meses	Depósitos a prazo	25 000
20. Matérias-primas destinadas à produção	Matérias primas	15 000
21. Dívidas de clientes (correntes)	Clientes	15 000
22. Edifício fabril e outras construções afetas à atividade operacional	Ativos fixos tangíveis	150 000
23. Notas e moedas nacionais	Caixa	2 500
24. 2.500 ações do BCP	Outros instrumentos financeiros	12 500
25. Produtos em curso de fabrico	Produtos e trabalhos em curso	30 000
26. Marcas e patentes	Ativos intangíveis	3 000
	Total	**546 500**

Quanto ao passivo vem que:

DESCRIÇÃO	CLASSIFICAÇÃO	VALOR (€)
1. Livrança a 90 dias, efetuada na CGD	Financiamentos obtidos	20 000
4. Empréstimo bancário na CGD, com vencimento a 24 meses	Financiamentos obtidos	180 000
9. Dívidas ao Estado:		
Imposto sobre o valor acrescentado	Estado e outros entes públicos	5 000
Segurança Social	Estado e outros entes públicos	3 000
12. Dívidas a fornecedores (tituladas)	Fornecedores	45 000
13. Dívidas relativas a lucros atribuídos a acionistas em Assembleia Geral	Acionistas	5 000
13. Salários em dívida	Pessoal	500
13. Dívidas a fornecedores de investimento	Outras contas a pagar	20 000
15. Conta corrente caucionada (limite 50 000)	Financiamentos obtidos	1 000
18. Dívidas a fornecedores (correntes)	Fornecedores	35 000
	Total	**314 500**

d) Balanço da sociedade BALANCEANDO, S.A.

Balanço da Sociedade BALANCEANDO, S.A. (modelo simplificado)

01 de setembro de N

ATIVO	Valor	CAPITAL PRÓPRIO	Valor
Ativo não corrente			
Ativos Fixos Tangíveis	292 500	**Total do Capital Próprio**	232 000
Propriedades de investimento	0	**PASSIVO**	
Ativos intangíveis	3 000	Passivo não corrente	
Investimentos financeiros	50 000	Provisões	0
	345 500	Financiamentos obtidos	180 000
Ativo corrente		Outras dívidas a pagar	0
Inventários	77 500		180 000
Clientes	27 000	Passivo corrente	
Estado e outros entes públicos	26 500	Fornecedores	80 000
Outras dívidas a receber	0	Adiantamento de clientes	0
Outros ativos financeiros	12 500	Estado e outros entes públicos	8 000
Caixa e depósitos bancários	57 500	Financiamentos obtidos	21 000
	201 000	Outras dívidas a pagar	25 500
		Outros passivos financeiros	0
			134 500
		Total do Passivo	314 500
Total do Ativo	**546 500**	**Total do Capital Próprio + Passivo**	**546 500**

EXERCÍCIO 1.3[3]

A sociedade FERRUGEM, Lda. tem como atividade principal a comercialização de fechaduras metálicas. Registe no Balanço as variações patrimoniais de cada um dos seguintes factos (ignore IVA quando aplicável):

A. Compra de 5 lotes de fechaduras para arcas ao nosso fornecedor habitual. Fatura-recibo n.º 3/N no valor de 6500 €. O pagamento foi efetuado por transferência bancária.
B. Venda a crédito de 50 fechaduras por 10 €/cada. Fatura n.º 6/N. Cada uma destas fechaduras tinha sido adquirida por 7,5 €.
C. Pagamento do IVA (Imposto sobre o Valor Acrescentado) que se encontrava em dívida há 2 meses, no valor de 750 €.
D. Contração de um empréstimo bancário de 15 000 €.
E. Aquisição de um computador para apoiar o trabalho administrativo, a pagar em 6 meses. Fatura n.º 10/N de 1050 €.
F. Pagamento de juros ao Banco pelo empréstimo obtido. Talão de débito n.º 678 por 75 €.
G. Recebimento da dívida do cliente relativa à fatura n.º 6/N.

RESOLUÇÃO – EXERCÍCIO 1.3

Tendo em consideração a Equação Fundamental do Balanço, ou seja,

Capital Próprio = Ativo – Passivo

quaisquer variações, qualitativas e quantitativas, que ocorram nos elementos patrimoniais, devem assegurar que tal equilibro se mantém.

---

[3] Exercício adaptado de: Rodrigues, A., Almeida, F., Lopes, I., Cruz, I., Silva, P., Gama, P., Jorge, S. (2007). Contabilidade Financeira: Casos Práticos. Coimbra: Edições ALMEDINA.

Balanço da sociedade FERRUGEM, Lda. (31 de dezembro de N)

ATIVO	CAPITAL PRÓPRIO
A. Mercadorias = + 6 500 €	A. 0
Depósitos à Ordem = – 6 500 €	B. Resultado líq. do período (Lucro da venda) = + 125 €
B. Dívidas de Clientes (c. prazo) = + 500 €	C. 0
Mercadorias = – 375 €	D. 0
C. Depósitos à Ordem = – 750 €	E. 0
D. Depósitos à Ordem = + 15 000 €	F. Resultado líq. do período (gasto financeiro) = – 75 €
E. Ativo Fixo Tangível (Eq. Adminis.) = + 1 050 €	G. 0
F. Depósitos à Ordem = – 75 €	**PASSIVO**
G. Caixa = + 500 €	A. 0
Dívidas de Clientes (c. prazo) = – 500 €	B. 0
	C. Dívidas ao Estado (c. prazo) = – 750 €
	D. Empréstimos obtidos = + 15 000 €
	E. Dívidas a fornec. de investimento = + 1 050 €
	F. 0
	G. 0

EXERCÍCIO 1.4[4]

A sociedade FIRMA, S.A. dedica-se à comercialização de artigos de vestuário. Durante o primeiro trimestre de N, a empresa realizou as seguintes operações:

1. Aquisição a crédito de 2 secretárias para os escritórios da empresa. Fatura n.º 4/N no valor de 300 €.
2. Venda a pronto pagamento, por 900 €, de 4 fatos de senhora que haviam sido adquiridos em conjunto por 650 €. Fatura-recibo n.º 8/N.
3. Pagamento, por cheque, da nossa dívida ao fornecedor de gravatas. Recibo n.º 12/N no valor de 475 €.
4. Recebimento de juros no valor de 125 €, relativos a um depósito a prazo.
5. Por negligência, foi irremediavelmente danificado um lote de calças adquiridas por 1250 €.
6. Compra a crédito de um conjunto de peças de vestuário por 4400 €. Fatura n.º 15/N.

[4] Exercício adaptado de: Rodrigues, A., Almeida, F., Lopes, I., Cruz, I., Silva, P., Gama, P., Jorge, S. (2007). Contabilidade Financeira: Casos Práticos. Coimbra: Edições ALMEDINA.

7. Aquisição, por transferência bancária, de uma carrinha comercial para transporte de mercadorias. Fatura-recibo n.º 18/N no valor de 17 500 €.
8. Contração de um empréstimo, no montante de 6000 €, junto do BPI. Foram pagos juros antecipados no valor 1050 €. Aviso de lançamento n.º 31578.
9. Os consumos de água, eletricidade e telefone totalizaram o valor de 1250 €, tendo sido pagos em dinheiro.
10. Pagamento, por cheque, à WORLDSITES, S.A. pelos serviços de manutenção da loja virtual da empresa na Internet que ascenderam a 575 €.

PRETENDE-SE:

Identificação das variações na estrutura e/ou valor do património da sociedade FIRMA S.A., resultantes de cada uma das operações acima descritas, decorrentes da sua atividade. Utilize para o efeito o riscado do Balanço seguinte.

Balanço simplificado da empresa FIRMA, S.A. (31 de dezembro de N)

ATIVO	1	2	3	4	5	6	7	8	9	10	*CAPITAL PRÓPRIO*	1	2	3	4	5	6	7	8	9	10
Edifícios											Rendimento										
Equipamento de transporte											Gasto										
Máquinas da fábrica											*Variação C.P.*										
Equipamento de escritório											*PASSIVO*	1	2	3	4	5	6	7	8	9	10
Mercadorias											Empréstimo bancário										
Dívidas de Clientes											Dívidas ao Estado										
Depósitos à Ordem											Dív. a fornecedores de investimento										
Caixa											Dív. a fornecedores correntes										
											Variação P.										
Variação do ATIVO											*Variação C.P.+PASSIVO*										

RESOLUÇÃO – EXERCÍCIO 1.4

Balanço simplificado da empresa FIRMA, S.A. (31 de dezembro de N)

ATIVO	1	2	3	4	5	6	7	8	9	10
Edifícios										
Equipamento de transporte							+17 500			
Máquinas da fábrica										
Equipamento de escritório	+300									
Mercadorias		-650			-1 250	+4 400				
Dívidas de Clientes										
Depósitos à Ordem			-475	+125			-17 500	+4 950		-575
Caixa		+900							-1 250	
Variação do ATIVO	**+300**	**+250**	**-475**	**+125**	**-1 250**	**+4 400**	**0**	**+4 950**	**-1 250**	**-575**

CAPITAL PRÓPRIO	1	2	3	4	5	6	7	8	9	10
Rendimento		+900		+125						
Gasto		-650			-1 250			-1 050	-1 250	-575
Variação C.P.	0	+250	0	+125	-1 250	0	0	-1 050	-1 250	-575
PASSIVO	1	2	3	4	5	6	7	8	9	10
Empréstimo bancário								+6 000		
Dívidas ao Estado										
Dív. a fornecedores de investimento.	+300									
Dív. a fornecedores correntes			-475			+4 400				
Variação P.	+300	0	-475	0	0	+4 400	0	+6 000	0	0
Variação C.P.+ PASSIVO	**+300**	**+250**	**-475**	**+125**	**-1 250**	**+4 400**	**0**	**+4 950**	**-1 250**	**-575**

EXERCÍCIO 1.5[5]

A sociedade ALFARROBA e FAVA-RICA, Lda. tem como objeto social a comercialização de frutos secos, desenvolvendo a sua atividade em Faro. Esta sociedade foi constituída com o capital de 300 000 €, totalmente realizado em dinheiro.

Em 30 de setembro de N, o seu património integrava os seguintes elementos (*valores em Euros*):

Valores em €

1	Armazém na Rua do Cabeço	40 000
2	4000 arrobas de alfarroba a 0,12 €/kg	
3	Conta corrente com o fornecedor FRUTA DO ALGARVE, Lda. – saldo relativo às s/ faturas	720
4	1200 kg de figo CONTINENTE a 0,8 €/kg	960
5	Secretárias, calculadoras e outro equipamento de escritório	2 200
6	Depósito à ordem no BBA	700
7	2000 sacos de *nylon*, considerados embalagens com retorno	200
8	Retenções na fonte efetuadas pela sociedade	400
9	Dívida do empregado JOSÉ AMARAL	100
10	Uma camioneta destinada ao transporte de mercadorias	6 000
11	700 arrobas de amêndoa AMARGA a 0,23 €/kg	
12	N/ saque n.º 13 sobre o cliente JÚLIO AZINHEIRO	100
13	Depósito a prazo no BBA	40 000
14	N/ aceite n.º 23 à sociedade FRUTOS DO OUTONO, S.A.	1 500
15	Numerário em cofre	150
16	Balcão, estantes e mobiliário diverso	4 400
17	Pagamentos excessivos efetuados ao Estado por conta do Imposto do Selo	7 600
18	Empréstimo obtido da JUNTA DOS FRUTOS SECOS DO ALGARVE em 31/10/N-1 a reembolsar em 5 prestações anuais iguais	20 000
19	400 obrigações da EDP, adquiridas para rendibilizar excedentes de tesouraria	2 100
20	Dívida do cliente JOAQUIM SOBREIRO	300

PRETENDE-SE:

a) Classificação dos elementos patrimoniais apresentados em 30 de setembro de N.
b) Elaborar o Balanço em 30 de setembro de N.

RESOLUÇÃO – EXERCÍCIO 1.5

a) Classificação dos elementos patrimoniais apresentados em 30 de setembro de N.

N.º DOS ELEMENTOS	RUBRICAS	VALOR (€)
1, 2, 4, 5, 6, 7, 9, 10, 11, 12, 13, 15, 16, 17, 19, 20	**Ativo (3) = (1)+(2)**	**114 425**
	Ativo Não Corrente (1)	**52 600**
1, 5, 10, 16	Investimentos	52 600
	Ativo Corrente (2)	**61 825**
2, 4, 7, 11	Inventários	10 775
9, 12, 17, 20	Contas a receber	8 100
6, 13, 15, 19	Meios financeiros líquidos	42 950
N.º DOS ELEMENTOS	**RUBRICAS**	**VALOR (€)**
3, 8, 14, 18	**Passivo (4)**	**22 620**
	Passivo Não Corrente	
18	Contas a pagar não correntes	16 000
	Passivo Corrente	
3, 8, 14, 18	Contas a pagar correntes	6 620
Património Bruto	**Ativo + Passivo (3+4)**	**137 045**

Agrupamento dos elementos patrimoniais por contas

Agrupando o ativo por contas:

DESCRIÇÃO	CLASSIFICAÇÃO	VALOR (€)
Armazém na Rua do Cabeço	Ativos fixos tangíveis	40 000
4000 arrobas de alfarroba a 0,12 €/kg	Mercadorias	7 200
1200 kg de figo CONTINENTE a 0,8 €/kg	Mercadorias	960
Secretárias, calculadoras e outro equipamento de escritório	Ativos fixos tangíveis	2 200
Depósito à ordem no BBA	Depósitos à ordem	700
2000 sacos de nylon, considerados embalagens com retorno	Mat.primas, subs. e de consumo	200
Dívida do empregado JOSÉ AMARAL	Pessoal (adiantamentos)	100
Uma camioneta destinada ao transporte de mercadorias	Ativos fixos tangíveis	6 000
700 arrobas de amêndoa AMARGA a 0,23 €/kg	Mercadorias	2 415
N/ saque n.º 13 sobre o cliente JÚLIO AZINHEIRO	Clientes	100
Depósito a prazo no BBA	Depósitos a prazo	40 000
Numerário em cofre	Caixa	150
Balcão, estantes e mobiliário diverso	Ativo fixo tangível	4 400
Pagamentos excessivos efetuados ao Estado por conta do Imposto do Selo	Outras contas a receber	7 600
400 obrigações da EDP, adquiridas para rendibilizar excedentes de tesouraria	Outros instrumentos financeiros	2 100
Dívida do cliente JOAQUIM SOBREIRO	Clientes	300

Quanto ao passivo viria:

DESCRIÇÃO	CLASSIFICAÇÃO	VALOR (€)
Conta corrente com o fornecedor FRUTA DO ALGARVE, Lda. – saldo relativo às s/ faturas	Fornecedores	720
Retenções na fonte efetuadas pela sociedade	Estado e outros entes públicos	400
N/ aceite n.º 23 à sociedade FRUTOS DO OUTONO, S.A.	Fornecedores	1 500
Empréstimo obtido da JUNTA DOS FRUTOS SECOS DO ALGARVE em 31/10/N-1 a reembolsar em 5 prestações anuais iguais	Financiamentos obtidos	20 000

b) Balanço da sociedade ALFARROBA e FAVA-RICA, Lda.

Balanço da Sociedade ALFARROBA e FAVA-RICA, Lda. (modelo simplificado)
30 de setembro de N

ATIVO	Valor (€)	CAPITAL PRÓPRIO	Valor (€)
Ativo não corrente			
Ativos Fixos Tangíveis	52 600	**Total do Capital Próprio**	91 805
Propriedades de investimento	0	**PASSIVO**	
Ativos intangíveis	0	Passivo não corrente	
Investimentos financeiros	0	Provisões	0
	52 600	Financiamentos obtidos	16 000
Ativo corrente		Outras dívidas a pagar	0
Inventários	10 775		16 000
Clientes	400	Passivo corrente	
Estado e outros entes públicos	7 600	Fornecedores	2 220
Outras dívidas a receber	100	Adiantamento de clientes	0
Outros ativos financeiros	2 100	Estado e outros entes públicos	400
Caixa e depósitos bancários	40 850	Financiamentos obtidos	4 000
	61 825	Outras dívidas a pagar	0
		Outros passivos financeiros	0
			6 620
		Total do Passivo	22 620
Total do Ativo	**114 425**	**Total do Capital Próprio + Passivo**	**114 425**

EXERCÍCIO 1.6[6]

Apresenta-se de seguida um quadro com alguns valores retirados das demonstrações financeiras de uma entidade.

	N	N+1	N+2	N+3
Ativo corrente	1 500	?	1 460	?
Ativo não corrente	?	9 080	8 990	10 150
Total do ativo	10 500	?	?	?
Passivo corrente	1 400	?	?	1 500
Passivo não corrente	4 650	4 900	?	?
Capital próprio	?	4 430	4 030	4 040
Total do Capital Próprio e Passivo	?	10 550	?	?
Ativo corrente/Passivo corrente	?	?	1 050	1 060

PRETENDE-SE:

a) Calcule os valores em falta.
b) Calcule, para cada ano, o respetivo fundo de maneio.

RESOLUÇÃO – EXERCÍCIO 1.6

a) Cálculo dos valores em falta (*valores em euros*).

ANO N

Total ativo = Ativo não corrente + Ativo corrente
Ativo não corrente = Total do ativo – Ativo corrente
Ativo não corrente = 10 500 – 1500 = 9000

Total capital próprio e passivo = Total do ativo
Total capital próprio e passivo = 10 500

Capital próprio = Total do capital próprio e passivo – Passivo corrente – Passivo não corrente
Capital próprio = 10 500 – 1400 – 4650 = 4450

Ativo corrente/Passivo corrente = 1500/1400 = 1,071

---

[6] Exercício adaptado de: Rodrigues, A., Carvalho, C., Cravo, D., Azevedo, G. (2015). SNC – Contabilidade Financeira: sua aplicação. Coimbra: Edições ALMEDINA.

ANO N+1

Total do ativo = Total do capital próprio e passivo
Total do ativo = 10 550

Ativo corrente = Total do ativo – Ativo não corrente
Ativo corrente = 10 550 – 9080 = 1470

Passivo corrente = Total do capital próprio e passivo – Capital próprio – Passivo não corrente
Passivo corrente = 10 550 – 4430 – 4900 = 1220

Ativo corrente/Passivo corrente = 1470/1220 = 1,205

ANO N+2

Total do ativo = Ativo corrente + Ativo não corrente
Total do ativo = 1460 + 8990 = 10 450

Total do capital próprio e passivo = Total do ativo = 10 450
Ativo corrente / Passivo corrente = 1050
1460 / Passivo corrente = 1050
Passivo corrente = 1460/1050 = 1390

Passivo não corrente = Total do capital próprio e passivo – Capital próprio – Passivo corrente
Passivo não corrente = 10 450 – 4030 – 1390 = 5030

ANO N+3

Ativo corrente/Passivo corrente = 1,060
Ativo corrente/1500 = 1,060
Ativo corrente = 1500 × 1,060 = 1590

Total do ativo = Ativo não corrente + Ativo corrente
Total do ativo = 10 150 + 1500 = 11 740

Total do capital próprio e passivo = Total do ativo
Total do capital próprio e passivo = 11 740

Passivo não corrente = Total do capital próprio e passivo – Capital próprio – Passivo corrente

Passivo não corrente = 11 740 – 4040 – 1500 = 6200

b) Cálculo do Fundo de Maneio

O estudo do equilíbrio financeiro pode ser efetuado em valores absolutos, através do indicador Fundo de Maneio.

Fundo de Maneio = Ativo Corrente – Passivo Corrente
ou
Fundo de Maneio = Capitais Permanentes – Ativo não Corrente

Este indicador, em valor absoluto, traduz a parte em que o ativo corrente cobre o passivo corrente, ou seja, a parte em que os ativos com maiores liquidabilidades cobrem os passivos com maiores exigibilidades.

O Fundo de Maneio, em princípio deverá ser positivo, todavia, a análise deste indicador só por si pode revelar-se insuficiente enquanto sintoma da facilidade ou dificuldade de uma entidade solver os seus compromissos, pois interessa comparar o fundo de maneio com as necessidades de fundo de maneio para concluir sobre a situação de tesouraria de uma entidade. Assim, uma entidade pode ter um fundo de maneio negativo e, apesar disso, não revelar quaisquer dificuldades de tesouraria, por ter necessidades de fundo de maneio ainda mais negativas. Deve atender-se que as necessidades de fundo maneio traduzem-se em necessidades de recursos permanentes para financiar as aplicações de curto prazo, mas que pelo facto de se renovarem ciclicamente para financiar o ciclo de exploração de uma entidade, assumem a natureza de aplicações permanentes.

	ANO N	ANO N+1	ANO N+2	ANO N+3
Fundo de Maneio	1500 – 1400 = 100	1470 – 1220 = 250	1460 – 1390 = 70	1590 – 1500 = 90

EXERCÍCIO 1.7

Na empresa BETA, Lda., que se dedica ao comércio de cereais, ocorreram, durante o segundo trimestre de N, os seguintes factos patrimoniais:

1. Compra a pronto pagamento, com cheque, de mercadorias por 5000 €. Fatura-recibo n.º 523/N do fornecedor ANTUNES.
2. Venda a prazo (90 dias) de mercadorias por 7000 €. Nossa fatura n.º 689/N.
3. Recebimento de juros trimestrais do depósito a prazo no valor de 350 €. Aviso de lançamento n.º 78529 do Banco de Investimento.
4. Pagamento, em dinheiro, da fatura-recibo da Elétrica no valor de 400 € relativa ao consumo de eletricidade do último mês.
5. Pagamento, com cheque, do IRC liquidado no valor de 1300 €.
6. Recebimento, por transferência bancária, de um subsídio do Estado à exploração, no valor de 3000 €. Aviso de lançamento n.º 85322 do Banco de Investimento.
7. Devido a um acidente, foram inutilizadas mercadorias no valor de 300 €.
8. Aquisição a crédito de 2 secretárias para os escritórios da empresa. Fatura n.º 4/N da COMODIDADE, Lda. no valor de 700 €, a pagar a 90 dias.
9. Pagamento, por cheque, da nossa dívida ao fornecedor de aveia. Recibo n.º 12/N do fornecedor ESTILO, Lda. no valor de 475 €.
10. Contração de um empréstimo a 365 dias, no montante de 16 000 €, junto do BPI. Aviso de lançamento n.º 31578.

PRETENDE-SE:

a) Classificação dos factos patrimoniais em Permutativos e Modificativos.
b) A indicação das contas a movimentar a débito e a crédito e respetivos montantes (ignore o valor do IVA).

RESOLUÇÃO – EXERCÍCIO 1.7

Por razões de simplicidade de apresentação, as alíneas a) e b) são resolvidas em simultâneo, no quadro seguinte.

N.º	Descrição	Débito	Valor (€)	Crédito	Valor (€)	Classificação do Facto Patrimonial
1.	Compra a pronto pagamento	311	*5 000*	12	*5 000*	Permutativa
2.	Venda a crédito	2111	*7 000*	711	*7 000*	Modificativo (ΔCP = + 7000,00 €)
3.	Recebimento de juros	12	*350*	7911	*350*	Modificativo (ΔCP = + 350,00 €)
4.	Pagamento da eletricidade	6241	*400*	11	*400*	Modificativo (ΔCP = + 400,00 €)
5.	Pagamento IRC	241	*1 300*	12	*1 300*	Permutativo
6.	Recebimento de subsídio	12	*3 000*	751	*3 000*	Modificativo (ΔCP = + 3000,00 €)
7.	Acidente com mercadorias	6841	*300*	382	*300*	Modificativo (ΔCP = + 300,00 €)
8.	Aquisição de AFT	435	*700*	2711	*700*	Permutativo
9.	Pagamento a fornecedores	2211	*475*	12	*475*	Permutativo
10.	Contração de empréstimo	12	*16 000*	2511	*16 000*	Permutativo

EXERCÍCIO 1.8[7]

A sociedade MÓVEIS FIALHO, Lda. dedica-se à comercialização de móveis de estilo. Durante o mês de setembro de N, registaram-se na empresa os seguintes factos patrimoniais (ignore as especificidades do IVA).

1. Venda de uma mobília de sala por 3.250 €, metade dos quais recebidos a pronto e o restante a prazo. Essa mobília tinha sido adquirida por 2500 €.
2. Compra, a pronto pagamento, de material de escritório (consumíveis) no valor de 150 €.
3. Pagamento da eletricidade à EDP, no valor de 225 €.
4. Compra, a prazo, de mobiliário para revenda, no valor de 15 000 €.
5. Venda, a pronto pagamento, de cadeiras para sala de jantar por 1000 €, que tinham sido adquiridas por 750 €.
6. Pagamento, por cheque, ao fornecedor A. Cunha de uma dívida de 2000 € contraída em junho de 2006.
7. Pagamento, da fatura do telefone do mês de agosto, no valor de 400 €.
8. Recebimento, em cheque, de 3000 € do cliente A ANDORINHA, LDA.

[7] Exercício adaptado de: Rodrigues, A., Almeida, F., Lopes, I., Cruz, I., Silva, P., Gama, P., Jorge, S. (2007). Contabilidade Financeira: Casos Práticos. Coimbra: Edições ALMEDINA.

9. Compra, a prazo, de um computador para o escritório, por 2000 €.
10. Compra de ações por 2500 €, para venda durante o próximo ano, pagas por transferência bancária.

PRETENDE-SE:

a) Classificação dos factos patrimoniais em Permutativos e Modificativos.
b) A indicação das contas a movimentar a débito e a crédito e respetivos montantes.

RESOLUÇÃO – EXERCÍCIO 1.8

Por razões de simplicidade de apresentação, as alíneas a) e b) são resolvidas em simultâneo, no quadro abaixo.

N.º	Descrição	Débito	Crédito	Valor (€)	Classificação do Facto Patrimonial
1.	Venda	21111	711	3 250	Modificativo (ΔCP = + 750 €)
	Recebimento de metade	12	21111	1 625	
	Saída de armazém ao preço de custo	611	32	2 500	
2.	Compra a p.p. de consumíveis para escritório	6233	11	150	Modificativo
3.	Pagamento da eletricidade	6241	11	225	Modificativo
4.	Compra de mercadorias a crédito	311	22111	15 000	Permutativo
	Entrada das mercadorias em armazém	32	311	15 000	
5.	Venda	21112	711	1 000	Modificativo (ΔCP = + 250 €)
	Recebimento	21	21112	1 000	
	Saída de armazém ao preço de custo	611	32	750	
6.	Pagamento a fornecedor	22112	12	2 000	Permutativo
7.	Pagamento do telefone	6262	11	400	Modificativo
8.	Recebimento de cliente	12	21113	3 000	Permutativo
9.	Compra a crédito de computador	435	2711	2 000	Permutativo
10.	Compra de ações para venda no c. prazo	1421	12	2 500	Permutativo

EXERCÍCIO 1.9

A empresa M. BERNARDO, LDA. dedica-se ao fabrico e comercialização de mobiliário de cozinhas. Em 31 de dezembro de N, apresentava os seguintes elementos patrimoniais:

	Descrição	**Valor (€)**
1.	Dinheiro em caixa	1 800
2.	Dívida à CGD a amortizar nos próximos 5 anos, em parcelas de igual valor	25 000
3.	Dívida do cliente A. Silva, Lda.	8 000
4.	Dezoito mesas de cozinhas em armazém	32 000
5.	Dois automóveis ligeiros de passageiros	30 000
6.	Edifícios comerciais	70 000
7.	Três viaturas de transporte	15 000
8.	Dívida à Segurança Social	7 500
9.	Quota na sociedade AMAZONA, Lda.	18 000
10.	Dívida ao fornecedor J. Coelho, Lda., a três meses	25 000
11.	Dívida à Administração Fiscal (IRC)	13 500
12.	Três computadores para uso administrativo da empresa	2 000
13.	750 ações da EDP	4 500
14.	Dívida do cliente Construções Ribeiro, Lda, titulado por letra, a vencer a 60 dias	1 250
15.	Dívida a fornecedores de equipamento, a pagar em 30 mensalidades iguais	75 000
16.	Obrigações do Tesouro adquiridas para rentabilizar os excedentes de tesouraria	2 500
17.	Depósitos bancários	48 500
18.	Cheques em caixa	800
19.	Adiantamentos pagos a um fornecedor	1 000
20.	IVA a receber	400
21.	Terrenos destinados à construção de um armazém	68 000
22.	Máquinas de apoio à produção	64 000
23.	Patente do modelo de cozinha "Italia"	12 000
24.	Empréstimo da CGD a amortizar nos próximos 12 meses	7 000

1. Classifique os elementos patrimoniais apresentados em 31/12/N:

Ativo Não Corrente	**A**
Ativo Corrente	**B**
Passivo Não Corrente	**C**
Passivo Corrente	**D**

2. Elabore o Balanço simplificado da sociedade M. BERNARDO, LDA. de acordo com a informação disponível.

RESOLUÇÃO – EXERCÍCIO 1.9

1. Classificação dos elementos.

	Descrição	Valor (€)	Classificação
1.	Dinheiro em caixa	1 800	B
2.	Dívida à CGD a amortizar nos próximos 5 anos, em parcelas de igual valor	25 000	1/5 D 4/5 C
3.	Dívida do cliente A. Silva, Lda.	8 000	B
4.	Dezoito mesas de cozinhas em armazém	32 000	B
5.	Dois automóveis ligeiros de passageiros	30 000	A
6.	Edifícios comerciais	70 000	A
7.	Três viaturas de transporte	15 000	A
8.	Dívida à Segurança Social	7 500	D
9.	Quota na sociedade AMAZONA, Lda.	18 000	A
10.	Dívida ao fornecedor J. Coelho, Lda., a três meses	25 000	D
11.	Dívida à Administração Fiscal (IRC)	13 500	D
12.	Três computadores para uso administrativo da empresa	2 000	A
13.	750 ações da EDP	4 500	B
14.	Dívida do cliente Construções Ribeiro, Lda, titulado por letra, a vencer a 60 dias	1 250	B
15.	Dívida a fornecedores de equipamento, a pagar em 30 mensalidades iguais	75 000	12/30 D 18/30 C
16.	Obrigações do Tesouro adquiridas para rentabilizar os excedentes de tesouraria	2 500	B
17.	Depósitos bancários	48 500	B
18.	Cheques em caixa	800	B
19.	Adiantamentos pagos a um fornecedor	1 000	B
20.	IVA a receber	400	B
21.	Terrenos destinados à construção de um armazém	68 000	A
22.	Máquinas de apoio à produção	64 000	A
23.	Patente do modelo de cozinha "Italia"	12 000	A
24.	Empréstimo da CGD a amortizar nos próximos 12 meses	7 000	D

2. Balanço simplificado.

ATIVO	**Valor (€)**	**CAPITAL PRÓPRIO**	**Valor (€)**
Ativo não corrente			
Ativos Fixos Tangíveis	249 000	**Total do Capital Próprio**	226 750
Propriedades de investimento	0	**PASSIVO**	
Ativos intangíveis	12 000	Passivo não corrente	
Investimentos financeiros	18 000	Provisões	0
	279 000	Financiamentos obtidos	20 000
Ativo corrente		Outras dívidas a pagar	30 000
Inventários	32 000		50 000
Clientes	9 250	Passivo corrente	
Adiantamentos a fornecedores	1 000	Fornecedores	25 000
Estado e outros entes públicos	400	Adiantamento de clientes	0
Outras dívidas a receber	0	Estado e outros entes públicos	21 000
Outros ativos financeiros	7 000	Financiamentos obtidos	12 000
Caixa e depósitos bancários	51 100	Outras dívidas a pagar	45 000
	100 750	Outros passivos financeiros	0
			103 000
		Total do Passivo	153 000
Total do Ativo	**379 750**	**Total do Capital Próprio + Passivo**	**379 750**

EXERCÍCIO 1.10[8]

Durante o mês de dezembro de N, a sociedade CONCEITOS, Lda. realizou as seguintes operações:

1. Fatura n.º 1012 do fornecedor Luznorte, SA., relativa à aquisição de 100 candeeiros, no valor de 25 000 €. Foi obtido um desconto de quantidade de 10%.
2. Pagamento, por transferência bancária, do n/ aceite n.º 203 relativo ao fornecedor Lampinhas, Lda., no valor de 2500 €.
3. Venda a pronto de 150 candeeiros ao cliente Sódaluz, Lda., ao preço unitário de 300 €, tendo sido concedido um desconto de pronto pagamento de 2%.

[8] Exercício adaptado de: Rodrigues, A., Carvalho, C., Cravo, D., Azevedo, G. (2015). SNC – Contabilidade Financeira: sua aplicação. Coimbra: Edições ALMEDINA.

4. Pagamento, em numerário, de despesas de transporte à transportadora Superrápida, Lda., referente à venda anterior, no valor de 25 €.
5. Liquidação por cheque n.º 234 567 890 s/ banco XYZ, de metade do valor da fatura n.º 1012.
6. Fatura n.º 3022 do fornecedor Iluminaçãototal, Lda., respeitante à aquisição de 200 candeeiros de lustre, no valor de 100 € cada, com pagamento a 90 dias. Acresce despesas de transporte no valor de 150 €.
7. Venda a crédito, ao cliente Escuridão, Lda., de 100 candeeiros de lustre, ao preço unitário de 150 €.
8. O cliente Escuridão, Lda. aceita uma letra a 90 dias, pelo valor em dívida (n/saque n.º 23).
9. Processamento de salários do mês de dezembro:
   — Salários líquidos: 7500 €
   — Encargos por conta do trabalhador:
     • IRS (taxa média): 14%
     • Segurança Social: 11%
   — Encargos por conta da empresa
     • Segurança Social: 23,75%.
10. Aquisição a prazo à empresa Papelândia, Lda. de dois computadores e 50 resmas de papel, no valor de 4000 € e 500 €, respetivamente.
11. Pagamento, através de transferência bancária, de 50% dos salários processados.
12. Aquisição de 1000 ações da BRISA ao preço unitário de 5 €. Despesas de transação de 1,5%, sujeitas a 4% de imposto de selo.

PRETENDE-SE:

Identifique em cada uma das operações realizadas pela CONCEITOS, Lda., os conceitos de gasto, rendimento, despesa, receita, pagamento e recebimento.

RESOLUÇÃO – EXERCÍCIO 1.10

N.º	Descrição	Débito	Valor (€)	Crédito	Valor (€)	Classificação do Facto Patrimonial	Fluxos	Notas
1.	Compra de mercadoria com desc. comercial	311	*22 500,00*	2211	*27 675,00*	Permutativo	Despesa = 27 675,00 €	
		2432	*5 175,00*					
2.	Pagamento	2221	*2 500,00*	12	*2 500,00*	Permutativo	Pagamento = 2500,00 €	
3.	Venda de mercadorias	2111	*54 243,00*	711	*45 000,00*	Modificativo (ΔCP = +44.100,00€)	Rendimento = 45 000,00 €	
		682	*900,00*	2433	*10 143,00*		Gasto = 900,00 €	
							Receita = 54 243,00 €	
	Recebimento	12	*54 243,00*	2111	*54 243,00*		Recebimento = 54 243,00 €	
4.	Pagamento despesas transporte	6253	*25,00*	2211	*30,75*	Modificativo (ΔCP = -25,00€)	Gasto = 25,00 €	
		2432	*5,75*				Despesa = 30,75 €	
							Pagamento = 30,75 €	
5.	Pagamento parcial de fatura	2211	*13 873,50*	12	*13 873,50*	Permutativo	Pagamento = 13 873,50 €	
6.	Compra de mercadoria	311	*20 150,00*	2211	*24 784,50*	Permutativo	Despesa = 24 784,50 €	a)
		2432	*6 634,50*					
7.	Venda a crédito	2111	*18 450,00*	711	*15 000,00*	Modificativo (ΔCP = +15.000,00€)	Rendimento = 15 000,00 €	
				2433	*3 450,00*		Receita = 18 450,00 €	
8.	N/saque – aceite pelo cliente	21211	*18 450,00*	2111	*18 450,00*	Permutativo	Não há fluxo	
9.	Processamento de salários	632	*10 000,00*	2312	*7 500,00*	Modificativo (ΔCP = -12.375,00€)	Gasto = 12 375,00 €	
		635	*2 375,00*	2421	*1 400,00*		Despesa = 12 375,00 €	
				245	*3 475,00*			
10.	Aquisição a crédito	435	*4 000,00*	2711	*4 920,00*	Modificativo (ΔCP = -500,00€)	Despesa = 5535,00 €	
		6233	*500,00*	2211	*615,00*		Gasto = 500,00 €	
		2432	*1 035,00*					
11.	Pagamento de 50% dos salários	2312	*3 750,00*	12	*3 750,00*	Permutativo	Pagamento = 3750,00 €	
12.	Aquisição de ações	1421	*5 000,00*	12	*5 078,00*	Modificativo (ΔCP = -78,00€)	Despesa = 5078,00 €	
		6227	*75,00*				Gasto = 78,00 €	
		6812	*3,00*				Pagamento = 5078,00 €	

NOTAS:

a) Conceito de custo de aquisição – ver NCRF 18

EXERCÍCIO 1.11

A sociedade SOFT, Lda. dedica-se à comercialização de sofás em pele. Durante o mês de outubro de N, entre outras, a sociedade realizou as seguintes operações:

1. Compra, à Vanguard, S.A., de 20 poltronas Kano, no valor total de 8000 € (s/ fatura n.º 425).
2. N/ fatura-recibo n.º 1239 relativa à venda de 2 sofás Cairo de 3 lugares, no valor unitário de 600 €.
3. Pagamento de despesas de comunicação, no valor de 150 € (n/ cheque n.º 234675 s/BIP), à Voz, SA.
4. Pagamento de dívida à Segurança Social no valor 1200 € (n/ cheque n.º 234678 s/BIP).
5. Recebimento de 5000 €, por transferência bancária, de um empréstimo do sócio António Fagundes.
6. Pagamento, em numerário, dos serviços de limpeza mensais no valor de 300 € (fatura-recibo n.º 234 da Boalimpeza, Lda.).
7. Fatura n.º 956 de Santos & Silva, Lda., no valor de 230 €, relativa a despesas de manutenção das viaturas da empresa.

PRETENDE-SE:

1. Identifique, em cada uma das operações enunciadas da sociedade SOFT, Lda., os conceitos de gasto, rendimento, despesa, receita, pagamento e recebimento.
2. Efetue o registo contabilístico dos factos patrimoniais enunciados no razão esquemático da sociedade SOFT, Lda. (apresente todos os cálculos e ignore o IVA).

EXERCÍCIO 1.12

Preencha o quadro seguinte com base na legenda apresentada, assinalando para cada item a classificação contabilística a que corresponde (apenas UMA para cada item).

Ativo Não Corrente	**A**
Ativo Corrente	**B**
Passivo Não Corrente	**C**
Passivo Corrente	**D**
Rendimentos	**E**
Gastos	**F**

	Classificação contabilística
Veículos comerciais	
Stock de matérias-primas e produtos acabados	
Remunerações do pessoal e encargos	
N/ Aceites	
Subsídio à exploração	
Adiantamento ao funcionário José Gomes	
Empréstimo do BPI a pagar em 3 anos	
Vendas líquidas	
Serviços de limpeza contratados externamente	
Software comercial	

	Classificação contabilística
Seguro do recheio da fábrica	
Dívida à Segurança Social	
Custo das matérias consumidas	
Dívida, a 3 meses, a fornecedor de mobiliário	
Quota na sociedade MILOS, Lda.	
Lote de 250 ações da EDP	
Depreciações e amortizações do período	
Armazém adquirido como investimento imobiliário	
Retenções na fonte sobre juros de depósito a prazo da empresa	
Lucros já atribuídos aos acionistas, mas ainda não disponibilizados	

1. Apresentam-se ao lado alguns valores retirados das demonstrações financeiras de uma entidade. Preencha o quadro, indicando os valores em falta, atendendo à equação fundamental de contabilidade.

Valores em €

	N	N+1
Ativo corrente		
Ativo não corrente	10 500	50 000
Total do ativo	19 500	
Passivo corrente		
Passivo não corrente	4 650	4 900
Total do Passivo		20 000
Capital próprio	8 000	
Total do Capital Próprio e Passivo		60 550

EXERCÍCIO 1.13

A sociedade Clave de Sol, Lda. dedica-se à comercialização de instrumentos musicais. Durante o mês de outubro de N, entre outras, a sociedade realizou as seguintes operações:

1. Aquisição de 10 flautas transversais ao valor unitário de 80 €. Nesta aquisição foram suportadas despesas de transporte, no valor de 25 €, que foram igualmente incluídas na fatura n.º 258 do fornecedor Sons, Lda.
2. Pagamento, através de caixa, da Fatura-Recibo de Teovos, S.A., fornecedor de telecomunicações, no valor de 150 €.
3. Recebimento, por transferência bancária, de um subsídio do estado à exploração no valor de 8000 €.
4. Venda, a pronto pagamento, a A. Freitas, de 3 oboés (no valor de 700 €/cada), n/ Venda a dinheiro n.º 376. Desconto de pronto pagamento concedido de 5%.
5. Compra de 5 guitarras no valor de 100 €/cada ao fornecedor Sons, Lda. A fatura n.º 290 do fornecedor evidenciava um desconto comercial de 5%.

PRETENDE-SE:

1. Efetue o registo contabilístico dos factos patrimoniais no razão esquemático, ignorando o efeito do IVA.
2. Identifique, em cada uma das operações realizadas pela sociedade Clave de Sol, Lda., os conceitos de gasto, rendimento, despesa, receita, pagamento e recebimento.

EXERCÍCIO 1.14

A entidade YUF, S.A desenvolve atividade no ramo da comercialização de materiais de construção. O quadro abaixo lista os elementos patrimoniais da sociedade, à data de 30 de junho de N.

Descrição	Valor (€)	ANC	AC	PNC	PC
1000 sacos de cimento	20 385				
Edifício onde estão instalados os escritórios de venda e armazém	148 700				
3 viaturas pesadas para transporte das mercadorias	55 600				
Dívidas de faturas a pagar aos fornecedores de mercadorias, no prazo médio de 90 dias	42 500				
2000 toneladas de ferro tipo ABC 40 mm	56 800				
Dívidas à segurança social	18 900				
Faturas a receber de clientes diversos, no prazo médio de 60 dias	31 050				
Aceite a um fornecedor de vigas	16 500				
Depósito a prazo (2 anos, mas mobilizável em 3 dias) no Banco A	17 000				
Dinheiro no cofre	385				
2 viaturas comerciais, usadas pelos vendedores	5 600				
Quota na sociedade Construção VIVA, Lda.	30 000				
Empréstimo obtido no Banco B, contraído este mês, vencível em 5 prestações anuais iguais, postecipadas	80 000				
Depósito à ordem no Banco B	8 560				
IVA a receber (pedido de reembolso)	1 300				
Patente para comercialização da telha modelo B	10 000				
Adiantamento do Cliente TGF, Lda.	2 500				
Equipamento administrativo	2 500				
Dívida ao fornecedor das viaturas pesadas, a pagar daqui a 15 meses	21 500				
TOTAIS					

PRETENDE-SE:

1. Proceda à classificação dos elementos patrimoniais, indicando se é ativo corrente (AC), ativo não corrente (ANC), passivo corrente (PC) e passivo não corrente (PNC), copiando o valor para a coluna respetiva do quadro.

2. Elabore o balanço simplificado da sociedade, preenchendo o mapa seguinte.

Balanço simplificado da sociedade YUF, S.A., em 30 de junho de N

ATIVO	€	CAPITAL PRÓPRIO	€
Ativo não corrente			
Ativos fixos tangíveis		**Total do Capital Próprio**	
Propriedades de investimento		**PASSIVO**	
Ativos intangíveis		Passivo não corrente	
Investimentos financeiros		Provisões	
	252 400	Financiamentos obtidos	
Ativo corrente		Outras dívidas a pagar	
Inventários		Passivo corrente	
Clientes		Fornecedores	
Estado e outros entes públicos		Adiantamento de clientes	
Outras dívidas a receber		Estado e outros entes públicos	
Outros ativos financeiros		Financiamentos obtidos	
Caixa e depósitos bancários		Outras dívidas a pagar	
		Outros passivos financeiros	
			96 400
		Total do Passivo	181 900
Total do ativo		**Total do capital próprio + Passivo**	**387 880**

EXERCÍCIO 1.15

A sociedade Vitrex, Lda., sujeito passivo de IVA à taxa normal (23%), dedica-se à comercialização de artigos de decoração em vidro. Durante o mês de setembro de N, entre outras, a sociedade realizou as seguintes operações:

1. Adiantamento de 1845 € ao fornecedor Santos & Filhos, Lda., relativo à encomenda de 30 fruteiras Rosa ao valor unitário de 70 €.
2. N/ fatura n.º 1324, ao cliente Doce Lar, Lda., relativa à venda de 20 jarrões Veneza ao valor unitário de 120 €. Foi concedido um desconto comercial de 5%.
3. Aquisição de 30 fruteiras Rosa ao valor unitário de 70 €. Nesta aquisição foram suportadas despesas de transporte, no valor de 100 €, que foram igualmente incluídas na fatura n.º 1553 do fornecedor Santos & Filhos, Lda.

4. Pagamento, por cheque, da fatura-recibo relativa à eletricidade no valor de 147,60 € (IVA incluído à taxa de 23%).
5. Venda, a pronto pagamento, de 20 candelabros Viena (no valor de 70 €/ cada), n/ fatura-recibo n.º 376. Desconto de pronto pagamento concedido de 5%.
6. N/ nota de crédito n.º 345 ao cliente Doce Lar, Lda. pela s/ devolução de 2 jarrões Veneza, por se encontrarem com defeito.

PRETENDE-SE:

1. Classifique os factos patrimoniais e identifique, em cada uma das operações realizadas pela sociedade Vitrex, Lda., os conceitos de gasto, rendimento, despesa, receita, pagamento e recebimento.
2. Efetue o registo contabilístico dos factos patrimoniais no razão esquemático (apresente todos os cálculos necessários a cada um dos registos).

CAPÍTULO 2

—

OPERAÇÕES CORRENTES

Os exercícios apresentados neste capítulo versam sobre operações correntes na empresa, designadamente:

- Ativos Financeiros – meios financeiros líquidos (NCRF 27)
- Contas a receber – clientes e outras contas a receber (NCRF 27)
- Inventários e Ativos Biológicos (NCRF 18 e NCRF 17)
- Passivos Financeiros – fornecedores e outras contas a pagar (NCRF 27 e NCRF 28)
- Provisões (NCRF 21)
- Gastos, Rendimentos, Acréscimos e Diferimentos (Estrutura Conceptual)

Bibliografia

Borges, A., Rodrigues, A., Rodrigues, R. (2014). Elementos de contabilidade geral. (2.ª ed.). Lisboa: Áreas Editora.

SNC – Sistema de Normalização Contabilística, Decreto-lei n.º 98/2015 de 2 de junho [Código de Contas – Portaria n.º 218/2015, de 23 de julho; Estrutura Concetual – Aviso n.º 8254/2015, de 29 de julho; NCRF 1 – Aviso n.º 8256/2015, de 29 de julho].

MEIOS FINANCEIROS LÍQUIDOS

Os **meios financeiros líquidos** correspondem aos meios líquidos de pagamento existentes em **caixa**, às importâncias depositadas nos **bancos** (depósitos à ordem e outros), e ainda às **aplicações em instrumentos financeiros de elevada liquidez.** Não coincidem com "caixa e equivalentes", dado que os instrumentos financeiros podem incluir elementos que: não sejam prontamente convertíveis para dinheiro; estejam sujeitos a alterações significativas de valor; e sejam detidos para investimento por prazos que podem ir além dos três meses. Em geral, incluem-se no ativo corrente, mas podem excecionalmente ser passivo corrente, e.g., quando existem saldos credores das contas de Depósitos à Ordem, estes correspondem a financiamentos obtidos (*descobertos bancários*). Também podem ser incluídos no ativo não corrente, se não houver possibilidade de mobilização até um ano, e.g. alguns depósitos que servem de garantia a alguns ativos.

Relativamente às operações por **caixa**, na prática muitas são as entidades que na fazem pagamentos por caixa de montantes de pequeno valor, funcionando a conta caixa como *Fundo Fixo de Caixa*. Neste caso, o saldo de caixa mantém sempre o mesmo valor, quer sejam valores quer sejam documentos, é feito o depósito integral dos recebimentos, e é reposto o valor referente às despesas efetuadas devidamente documentadas, por levantamento do respetivo valor a partir de depósitos à ordem.

Dado que a conta caixa deve conter exclusivamente meios de pagamento (moeda e cheques a aguardar depósito, se forem recebidos por caixa), incluindo em moeda estrangeira, periodicamente, também como procedimentos de controlo interno, devem ser verificados os elementos em caixa e a conta regularizada, se necessário, retirando da conta caixa o que não deverá lá ser incluído. De acordo como a NCRF 23, dado que as transações em moeda estrangeira são registadas à taxa de câmbio da respetiva data, à data de relato, os valores em moeda estrangeira devem ser atualizados para o câmbio verificado nessa data. O mesmo acontece se se tratarem de depósitos bancários em moeda estrangeira.

No que respeita aos **depósitos bancários**, os mais comuns são depósitos à ordem e depósitos a prazo. Para a maioria das empresas, pela conta de depósitos à ordem passam quase todos os pagamentos, quer por transferência bancária, quer utilizando cartões débito, quer usando cheques, incluindo os que servem para levantar dinheiro para o Fundo Fixo de Caixa, bem como os recebimentos. Esta conta também acolhe juros não capitalizados de outros depósitos e nela são debitados pelos mutuantes prestações e juros de financiamentos obtidos (estes quando não capitalizáveis de acordo com a NCRF 10).

Como procedimento de controlo interno, todas as contas bancárias que uma entidade possui devem ser verificadas periodicamente (em geral, mensalmente), procedendo-se à conciliação bancária. Esta consiste num procedimento de verificação dos movimentos contabilísticos da empresa, com os apresentados nos extratos bancários, procurando justificar a diferença existente entre o saldo apresentado pelo banco e o que consta dos registos da entidade. Tal diferença resulta de muitas operações bancárias contabilizadas pelo banco e pela empresa em momentos diferentes, e.g.: pagamento de cheques, na empresa quando são emitidos e no banco quando são descontados; juros creditados em conta na data-valor e na empresa só quando recebida a nota de lançamento. As diferenças normalmente são apresentadas num mapa de conciliação bancária, em que o saldo corrigido ou conciliado é dado por:

Saldo contabilidade da Empresa +/– Operações não registadas pela empresa =
Saldo do Extrato Bancário +/– Operações não registadas pelo banco

Nem sempre os procedimentos de conciliação bancária conduzem a registos contabilísticos, já que podem resultar de operações que já estão registadas na entidade, como sejam cheques ainda não apresentados a desconto.

O dinheiro em caixa e nas contas bancárias, nos termos da NCRF 27 (§5) constituem ativos financeiros, assim como as dívidas a receber e instrumentos financeiros (e.g., investimentos em ações e obrigações de outras entidades). Os **instrumentos financeiros** são classificados como meios financeiros líquidos se, como referido, tiverem um elevado grau de liquidez. Tal acontece com ativos financeiros geralmente detidos para negociação e com cotações divulgadas publicamente, em mercados regulamentados, como as bolsas de valores. O SNC (Código de Contas) explica que nos meios financeiros líquidos se incluem instrumentos financeiros mensurados ao justo valor, cujas alterações sejam reconhecidas na demonstração dos resultados, excluindo-se daqui os mensurados ao custo ou ao método da equivalência patrimonial, que se incluem nas dívidas a receber ou nos ativos não correntes. O justo valor é um preço de transação, determinado num mercado ativo.

Os ativos financeiros detidos para negociação são adquiridos principalmente para a finalidade de venda num prazo muito próximo e, em geral, fazem parte, aquando do reconhecimento inicial, de uma carteira de instrumentos financeiros identificados, que são geridos em conjunto e para os quais existe evidência de terem recentemente proporcionado lucros reais (NCRF 27, § 15).

Algumas empresas investem em carteiras de títulos, por exemplo, para rentabilizar excedentes de tesouraria, procurando ganhos com os diferenciais de preços e alterações de cotações. Sendo mensurados ao justo valor que, num mercado ativo, sofre alterações frequentes, os instrumentos financeiros numa carteira de títulos, devem ser reconhecidos inicialmente pela sua cotação à data de aquisição (excluindo eventuais gastos de transação); se a carteira for mantida, subsequentemente o justo valor dos títulos deve ser atualizado periodicamente, designadamente à data de relato, reconhecendo ganhos ou perdas na demonstração dos resultados (NCRF 27).

CONTAS A RECEBER E A PAGAR (INCLUINDO ACRÉSCIMOS E DIFERIMENTOS) E PROVISÕES

No ciclo das operações correntes de uma entidade económica, são particularmente importantes as dívidas a receber de clientes e a pagar a fornecedores, ao pessoal e ao Estado. De acordo com o SNC (Código de Contas), estas dívidas contabilizam-se sobretudo nas contas da Classe 2 do Código de Contas do SNC, onde também se registam operações com acionistas e outros financiadores, os devedores e credores por acréscimos, os diferimentos e as provisões. Também algumas constam nas Classes 3 e 4, e.g., relativas a adiantamentos em compras com preço pré-fixado, a conta 39.

De acordo com a NCRF 27 (§5), **dívidas a receber e a pagar, incluindo empréstimos bancários e dívidas em moeda estrangeira**, são ativos financeiros e passivos financeiros, respetivamente, mensurados, nos termos no §16, ao custo (amortizado), menos perdas por imparidade.

O *custo amortizado* é a quantia pela qual o ativo financeiro ou o passivo financeiro é mensurado no reconhecimento inicial, menos os reembolsos de capital, mais ou menos a amortização cumulativa, usando o método do juro efetivo, de qualquer diferença entre essa quantia inicial e a quantia na maturidade, e menos qualquer redução (diretamente ou por meio do uso de uma conta de abatimento) quanto à imparidade ou incobrabilidade (NCRF 27, §5). A *perda por imparidade* é o excedente da quantia escriturada sobre a quantia recuperável (líquida) do ativo, que resulta dos critérios de mensuração aplicáveis.

Assim, enquanto inicialmente uma dívida a receber de um **cliente ou outro devedor** considera o valor inscrito no documento que a sustenta, e.g., o valor da fatura, posteriormente, em particular a cada data de relato, há que avaliar se esta dívida se encontra em imparidade, com base em evidência objetiva (aspetos relacionados com o devedor, mas externos à entidade) que indicia risco de perda do valor do ativo (NCRF 27, §§24-25). Ao confirmar-se a evidência de (risco de) perda, tal deve ser reconhecida na demonstração dos resultados do período em que é identificada. Se as condições que levaram ao reconhecimento da perda potencial deixarem de se verificar, a perda pode ser revertida (NCRF 27, §29), reconhecendo um rendimento nos resultados desse período. O registo das perdas por imparidade nas dívidas a receber no ativo corrente implica o uso de subcontas (e.g. 219, 229 e 269), já que o valor inicial da dívida deve ser mantido. Por vezes, as dívidas de cobrança duvidosa transformam-se em dívidas incobráveis, confirmando-se as evidências que levaram a entidade a reconhecer previamente o risco de perda. Neste caso, se a perda já foi reconhecida, apenas a quantia da dívida deve ser desreconhecida do ativo.

Note-se que, na prática, muitas empresas, para evitar os custos administrativos de correções dos valores contabilísticos para os valores aceites fiscalmente, seguem os critérios fiscais para o reconhecimento e mensuração dos créditos de cobrança duvidosa e das respetivas perdas por imparidade. Estes encontram-se estabelecidos no artigo 36º do Código do Imposto sobre o Rendimento das Pessoas Coletivas (IRC) e relacionam-se, entre outros, com os períodos de mora dos créditos, após a sua data de vencimento.

As dívidas **a fornecedores e de clientes**, assim como as relacionadas com outros credores e devedores indiferenciados, podem estar em conta corrente ou ser tituladas por letras. A "letra" é um título de crédito através do qual uma determinada entidade – sacador/credor – ordena a outrem – sacado/devedor/aceitante, o pagamento de uma importância (valor nominal) a si ou a outra pessoa ou entidade (tomador), numa determinada data (vencimento). O funcionamento das letras regulado por lei – Lei Uniforme relativa a Letras e Livranças, com última atualização a outubro de 2016. Apesar de estarem a cair em desuso, as letras, apesar dos custos que acarretam para o devedor, proporcionam, a quem deve, mais tempo para pagar, e ao sacador a possibilidade de receber a dívida dentro do prazo desejado, por apresentação da letra a desconto. As operações possíveis com letras são: saque, aceite, endosso, desconto, reforma (letra sacada/aceite), recâmbio e protesto.

As dívidas a clientes e fornecedores, resultantes respetivamente de vendas e compras são, de acordo com a legislação nacional e europeia, sujeitas a **Imposto sobre o Valor Acrescentado (IVA)**. As entidades económicas, em geral, são sujeitos passivos de IVA que, sendo um imposto sobre o consumo, incide sobre a transmissão de bens e serviços e onera o consumidor final, mas, em geral, não afeta as entidades económicas que são intermediários no circuito económico, antes desse consumidor final. Assim, o IVA para uma entidade económica não constitui gasto nem rendimento, mas a entidade procede, em vez do consumidor final, ao apuramento do IVA a entregar ao Estado (ver Figura 2). Há, contudo, situações em que uma entidade funciona com consumidor final, e.g. autoconsumos e operações gratuitas.

Estão sujeitas a IVA: a) as transmissões de bens e as prestações de serviços efetuadas no território nacional, a título oneroso, por um sujeito passivo agindo como tal; b) as importações de bens; e c) as operações intracomunitárias efetuadas no território nacional, tal como são definidas e reguladas no Regime do IVA nas Transações Intracomunitárias (RITI). De entre a lista de bens e serviços sujeitos a IVA, há algumas isenções previstas no Código do IVA, sendo que as exportações, pelo princípio da tributação no destino, são também isentas de IVA. Há três taxas de IVA – reduzida, intermédia e geral, sendo diferenciadas em Portugal entre Continente e Regiões Autónomas.

Figura 2. Funcionamento do IVA

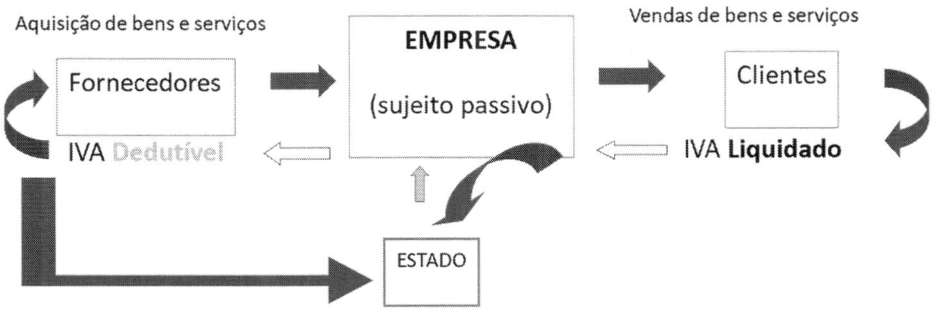

Conforme traduzido na Figura 3, as entidades económicas suportam IVA nas suas aquisições que, em geral confere direito à dedução, e liquidam IVA nas vendas e prestações de serviços que efetuam. Por vezes, há transações que conduzem à correção do IVA dedutível ou liquidado, como sejam devoluções ou regularização de adiantamentos.

Casos particulares são o das importações de países da UE que, no âmbito do RITI, conduzem ao registo da autoliquidação do IVA (liquida-se e deduz-se simultaneamente); e importações de países terceiros, em que o IVA é pago na Alfândega ou, certas entidades cumprindo certas condições, podem também proceder à autoliquidação do IVA (Portaria 215/2017, de 20 de julho; n.º 8, artigo 27º do Código do IVA).

Figura 3. Apuramento do IVA

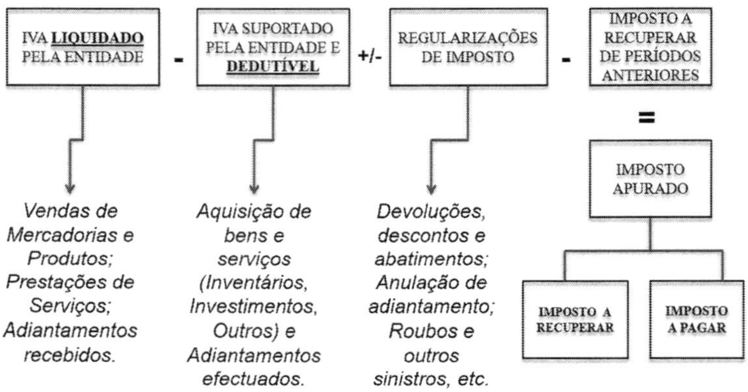

As dívidas a receber ou a pagar em moeda estrangeira, transpostas para a moeda nacional à taxa de câmbio da data de transação, devem ser atualizadas ao câmbio da data de relato, tendo as diferenças de câmbio favoráveis/desfavoráveis impacto no resultado do período (NCRF 23).

No que respeita às **transações com o pessoal** (e membros dos órgãos sociais da entidade), destacam-se as relacionadas com as remunerações do seu trabalho, que implicam gastos para a entidade (vencimento bruto) e, aquando do processamento, implicam despesas, dívidas a pagar – aos funcionários, o vencimento líquido e às entidades beneficiárias (nomeadamente Estado e Segurança Social), os respetivos encargos a que têm direito, seja por desconto dos trabalhadores, seja por contribuições da entidade económica. O processamento dos ordenados e salários, em geral mensal, implica três procedimentos:

1) Processamento dos vencimentos líquidos (com retenções efetuadas aos trabalhadores – IRS, TSU, Sindicato, etc. – % sobre remuneração bruta); pode haver ajudas de custo;

2) Processamento dos encargos sobre remunerações que respeitam à entidade (% sobre remunerações brutas); e
3) Pagamento dos vencimentos líquidos e encargos às respetivas entidades, cumprindo os prazos legais, em geral no mês seguinte ao processamento.

As percentagens de retenção de Imposto sobre o rendimento das Pessoas Singulares (IRS) e Taxa Social Única (TSU), estão definidas na lei, sendo as primeiras dependentes do estado civil, escalão de rendimento e número de dependentes do indivíduo; há também diferenciação entre Continente e Regiões Autónomas. Quando à TSU, diferencia-se entre os membros dos órgãos sociais e os trabalhadores em geral.

A NCRF 28 preconiza orientações para reconhecimento e mensuração dos gastos com o pessoal e órgãos sociais (genericamente designados de "Benefícios dos Empregados"), desde logo distinguindo (§4) entre benefícios a curto prazo, e.g., salários, ordenados, contribuições para a segurança social e licença anual de férias (§§9--23), benefícios pós-emprego, e.g. pensões e seguros de vida pós-emprego (§§24-118), outros benefícios a longo prazo, e.g. licença por serviços duradouros (§§119-123), e benefícios de cessação de emprego, e.g. indemnizações (§§124-128).

No §1 na NCRF 28 estabelece que uma entidade económica deve reconhecer: a) um passivo quando um empregado tiver prestado serviços em troca de benefícios de empregados a serem pagos no futuro; e b) um gasto quando a entidade consumir o benefício económico proveniente do serviço proporcionado por um empregado em troca dos benefícios do empregado.

De acordo como o §11 da mesma norma, os benefícios de curto prazo devem ser mensurados ao custo numa base não descontada, com contabilização geralmente linear. A quantia a pagar, não descontada de benefícios, é: um passivo (gasto acrescido), após dedução de algo já pago; um ativo (gasto pré-pago), se pagamento exceder os benefícios não descontados – e.g. já tendo havido adiantamentos; um gasto, salvo se outra norma exigir inclusão no custo do ativo (e.g. inventários e ativos fixos tangíveis)

Quanto às ausências remuneradas, o §12 estabelece que se deve reconhecer o custo esperado de benefícios na forma de ausências remuneradas permitidas, acumuláveis e não acumuláveis (e.g. férias, doença e incapacidade a curto prazo, maternidade ou paternidade, serviço dos tribunais e serviço militar) como se segue: a) no caso de ausências permitidas acumuláveis, quando os empregados prestam serviço que aumente o seu direito a ausências permitidas futuras; e b) no caso ausências permitidas não acumuláveis, quando as faltas ocorram. É pela alínea a) que as entidades reconhecem as remunerações de férias, subsídios de férias e respetivos encargos da entidade, como acréscimos de gastos, reconhecendo um passivo no período em que o direito a essa ausência foi adquirido, independentemente do momento do pagamento (ver abaixo referências ao pressuposto do regime do acréscimo e periodização económica).

Cumpre finalmente ressaltar que, no caso dos benefícios por cessação de emprego, o acontecimento que dá origem a uma obrigação é a cessação em vez do serviço do empregado (NCRF 28, §124). A entidade deve reconhecer benefícios de cessação de emprego como um passivo e um gasto relativo aos benefícios de cessação de emprego quando esteja comprometida, de uma forma demonstrável, quer a: a) cessação do emprego de um empregado ou grupo de empregados antes da data normal de reforma; ou b) proporcionar benefícios de cessação como resultado de uma oferta feita a fim de encorajar a saída voluntária.

As **transações com o Estado** (e outros entes públicos) enquanto tal, respeitam apenas a impostos e taxas. Assim, considerando o exposto acima neste capítulo, depreende-se que há dívidas a pagar ao Estado de IVA e IRS retido aos trabalhadores, e dívidas à Segurança Social das contribuições retidas aos trabalhadores ou da própria entidade. Em alguns casos pode haver dívidas a receber, designadamente de IVA a recuperar ou reembolsos pedidos. Adicionalmente, a entidade também tem transações com o Estado no que concerne ao imposto sobre o seu rendimento (IRC), que podem ser pagamentos por conta e retenções na fonte (e.g. sobre rendimentos de juros obtidos de aplicações financeiras), reconhecidas como dívidas a receber no ativo, até ao momento do apuramento final do imposto, o qual pode implicar IRC a pagar ou a receber (ver capítulo 4). No mesmo sentido pode ter dívidas de "Derrama", que é um imposto municipal adicional associado ao IRC; para algumas empresas com lucros elevados, há uma taxa de Derrama estadual. As taxas de IRC e Derrama estão estabelecidas na lei.

Importa sublinhar que se é o imposto da entidade a ser sujeito à retenção, há que reconhecer um ativo, enquanto que se é a entidade a proceder à retenção de impostos sobre rendimentos de terceiros (e.g., rendimentos de trabalho dependente, trabalho independente, capitais e prediais), há que reconhecer um passivo, pois a entidade assume a obrigação de entregar ao Estado e outras entidades os impostos dos outros.

Outros impostos nas empresas que geram dívidas ao Estado e aos municípios são o Imposto do Selo e o Imposto Municipal sobre Imóveis (IMI).

Dado serem, em geral, a curto prazo, as dívidas ao/do Estado e outros entes públicos são passivos/ativos financeiros que, no âmbito da NCRF 27, são mensurados ao custo ou custo amortizado.

Quanto às **dívidas a receber de empréstimos concedidos e obtidos**, refira-se que, numa entidade económica não financeira, os primeiros existem apenas em condições excecionais reguladas na lei comercial, e.g., empréstimos entre entidades do mesmo grupo económico. Já os empréstimos obtidos, designadamente financiamentos bancários, são bastantes comuns. A sua contração, amortização e o pagamento dos juros faz-se por ligação à conta de depósitos à ordem. De acordo com a NCRF 27, os financiamentos obtidos são mensurados ao custo amortizado dado que (§12): 1) têm, em geral, maturidade definida; 2) os retornos para o seu detentor são de montante fixo, a taxa de juro é fixa durante a vida do instrumento financeiro, ou é uma taxa variável em função de um indexante de mercado para operações de financiamento (e.g., Euribor), ou que contenha um *spread* sobre o indexante; e 3) não origina, em geral, a perda do valor nominal e do juro acumulado.

Por sua vez, a NCRF 10 (§5) explica que os custos de financiamentos obtidos são custos de juros e outros (incluindo juros de locação financeira), incorridos por uma entidade, relativos a pedidos de empréstimos de fundos. De uma forma geral, imediatamente reconhecidos como gastos do período em que ocorrem (§8), mas podem ser capitalizados no custo de um "ativo que se qualifica", se se tratarem de empréstimos obtidos diretamente atribuíveis à aquisição, construção ou produção desse ativo, ou seja, são custos de empréstimos que teriam sido evitados se o dispêndio do ativo "que se qualifica" não tivesse sido feito. A imputação dos custos de financiamento ocorre enquanto o ativo estiver em curso de produção ou construção, pelo que se tratam de ativos que geralmente demoram algum tempo para estarem concluídos (e.g. alguns inventários, instalações industriais, instalações de geração de energia e propriedades de investimento) (§7). A capitalização é suspensa quando a entidades simplesmente detém o ativo, durante períodos extensos, sem atividades de desenvolvimento.

De acordo com o §22 da Estrutura Concetual do SNC, a fim de satisfazerem os seus objetivos, as DF são preparadas de acordo com o **Regime Contabilístico do Acréscimo** (ou da periodização económica). Através deste regime, *os efeitos das transações e de outros acontecimentos são reconhecidos quando eles ocorram (e não quando caixa ou equivalentes de caixa sejam recebidos ou pagos)*, sendo registados contabilisticamente e relatados nas DF dos períodos com os quais se relacionem. Este regime, que faz prevalecer o registo dos fluxos económicos sobre os fluxos de tesouraria, opõe-se ao Regime Contabilístico de Caixa, em que as transações são reconhecidas apenas quando ocorrem pagamentos ou recebimentos. O Regime Contabilístico do Acréscimo permite assim que o desempenho financeiro periódico da entidade seja aferido pelo respetivo resultado líquido, que deriva da diferença entre fluxos económicos de rendimentos e gastos.

Porém, o §23 da mesma Estrutura Concetual refere-se ao pressuposto da continuidade, explicitando este que uma entidade existe em continuidade e continuará a operar no futuro previsível, não tendo nem a intenção nem a necessidade de liquidar ou de reduzir o nível das suas operações; se existir tal intenção ou necessidade, as DF podem ter que ser preparadas segundo um regime diferente (a ser divulgado nas notas do Anexo). A necessidade de lidar com este pressuposto, implica a periodização dos trabalhos contabilísticos e das DF no que se convencionou serem "períodos económicos" (em Portugal, anos civis), imperando nestes um Regime Contabilístico de Acréscimo, prevalecendo, como referido, um resultado com base em fluxos económicos.

O Regime Contabilístico do Acréscimo implica, dados certos desfasamentos temporais que ocorrem nas entidades económicas, entre os gastos/rendimentos e os pagamentos/recebimentos a eles eventualmente associados, o reconhecimento de: 1) **acréscimos de gastos/rendimentos**, quando estes fluxos ocorrem num período e o fluxo financeiro em períodos seguintes; e 2) **diferimentos** (gastos/rendimentos a reconhecer), quando o fluxos financeiro e de tesouraria ocorre antes do consumo dos recursos ou o benefício do rendimento.

O reconhecimento de um acréscimo de gasto/rendimento implica como contrapartida uma dívida a pagar/receber, ainda que não exista documentação vinculativa que a sustente (e como tal, não há registo de IVA, ainda se aplicável). Exemplos de transações que dão origem a *devedores por acréscimos de rendimentos* são: juros de aplicações financeiras cujo vencimento ocorre em data futura; serviços prestados a clientes faturados subsequentemente, dentro dos prazos legais; e outros rendimentos cujo apuramento ocorre em data futura (e.g. descontos de quantidade). Exemplos de transações que dão origem a *credores por acréscimos de gastos* são: gastos de financiamentos com vencimento em períodos futuros; serviços prestados por fornecedores e faturados subsequentemente, dentro dos prazos legais; e gastos com consumíveis e outros encargos (e.g. consumo de água, eletricidade, telefone, etc. relativos ao último mês de período económico; férias e subsídios de férias) a pagar no período seguinte).

O reconhecimento de um diferimento (gasto/rendimento a reconhecer) implica, no período atual, o reconhecimento da despesa/receita e do pagamento/recebimento, com o respetivo documento de suporte. Exemplos de *gastos a reconhecer* são: encargos financeiros suportados antecipadamente (e.g., juros de descontos de títulos); encargos com seguros; e outros gastos de períodos futuros cuja despesa foi reconhecida no período em curso. Exemplos de *rendimentos a reconhecer* são: recebimento de rendas antecipadas, respeitantes ao uso dos imóveis no período seguinte; faturação de produtos ou serviços a clientes, cuja entrega ou prestação ocorrerá em períodos futuros, dentro dos limites admitidos por lei; e outros rendimentos imputáveis ao período ou períodos subsequentes, mas cuja liquidação e/ou recebimento ocorreu no período em curso.

No que respeita às **provisões**, o §8 da NCRF 21 define provisão como um passivo de tempestividade ou quantia incerta. Já o Código de Contas do SNC explica que há subcontas específicas para registar estas responsabilidades cuja natureza está claramente definida e que, à data do Balanço, sejam de ocorrência provável ou certa, mas incertas quanto ao seu valor ou data de ocorrência. Assim, as provisões são obrigações presentes, de probabilidade quase certa, mas cuja tempestividade ou montante ainda são incertos; são obrigações ainda potenciais, com elevada probabilidade de se tornarem certas. Não constituem (ainda) contas a pagar. Exemplos comuns são as que se relacionam com processos judiciais em curso, em que a entidade é ré, e cujo desfecho, à data de relato, ainda não está completamente sob seu controlo; ou as associadas às garantias a conceder a clientes, dever no âmbito da atividade comercial de muitas entidades, mas que, à data do Balanço, não controlam quantos clientes e que montante de vendas apresentação reclamação para assistência pós-venda.

As provisões só podem ser utilizadas para os fins para que foram constituídas, sem prejuízo de possíveis reversões.

De acordo com o §13 da NCRF 21, o reconhecimento de uma provisão implica o cumprimento dos critérios para reconhecimento de passivos, ou seja: 1) existência de uma obrigação legal ou construtiva resultante de um acontecimento passado; 2) seja provável a saída de recursos para liquidar aquela obrigação; e 3) seja possível fazer uma estimativa fiável da obrigação. Quando estes requisitos são cumpridos, a entidade reconhece um gasto do período, por contrapartida de um passivo; sendo que a reversão da provisão, implica um rendimento do período em que tal ocorra.

Um passivo contingente distingue-se de uma provisão, na medida em que encerra mais incerteza, ainda não constituindo uma obrigação presente. Não deve ser reconhecido no Balanço, devendo, quando muito, ser divulgado no Anexo às

DFs, a menos que seja remota a possibilidade de um exfluxo de recursos que incorporem benefícios económicos; neste caso, não se faz nada, e a entidade deve ir acompanhando a evolução da situação periodicamente. Por exemplo, o caso de um litígio com um cliente, desfavorável à entidade, que poderá conduzir a um processo judicial e a uma futura indemnização a pagar, mas que no início esta probabilidade é ainda remota.

Os §§35-41 da NCRF 21 referem-se à mensuração das provisões, que deve ser efetuada pela melhor estimativa, com revisões periódicas (reforços ou reversões). Pode ser usado o valor presente da obrigação futura. Neste caso será anualmente aumentada a provisão pelo ajustamento necessário, por contrapartida de gastos financeiros.

INVENTÁRIOS E ATIVOS BIOLÓGICOS

Os inventários e ativos biológicos fazem parte da Classe 3 do Código de Contas do SNC. Os primeiros são definidos como: detidos para venda no decurso da atividade empresarial; no processo de produção para essa venda; ou na forma de materiais consumíveis a serem aplicados no processo de produção ou na prestação de serviços. Assim, identificam-se os seguintes tipos de inventários:

- Matérias primas (conta 33): bens que se destinam a ser incorporados diretamente em novos produtos; não se destinam à venda, mas sim à produção (e.g., madeira na indústria de móveis).
- Matérias subsidiárias (conta 33): bens que, sem se incorporarem diretamente num determinado produto, concorrem direta ou indiretamente para a sua produção (e.g., cola na indústria de móveis).
- Produtos em curso (conta 36): aqueles que se encontram numa certa fase do processo produtivo, sem, no entanto, terem atingido a fase final de fabrico, ou seja, sem estarem aptos para venda.
- Subprodutos e resíduos (conta 35): produtos secundários que resultam da produção de um principal; são vendidos à medida que se vão acumulando (e.g., aparas de madeira na indústria de móveis).
- Produtos acabados (conta 34): bens resultantes do processo produtivo da empresa, que, tendo atingido a sua fase final de produção, estão aptos a serem vendidos.

- Mercadorias (conta 32): bens adquiridos para posterior venda; não estão sujeitos a qualquer transformação dentro da empresa.

Já os segundos são definidos como animais e plantas vivos, no âmbito da atividade agrícola, quer consumíveis no decurso do ciclo normal da atividade, quer de produção ou regeneração; os produtos agrícolas colhidos dos ativos biológicos, são incluídos nas apropriadas contas de inventários.

Para o reconhecimento e mensuração dos inventários atenda-se à NCRF 18, enquanto que para os ativos biológicos atenda-se à NCRF 17.

Os **inventários** são mensurados, no reconhecimento inicial, ao custo (NCRF 18, §10 e seguintes), devendo incluir todos os custos para os colocar no seu local e condição atuais (e excluir descontos e abatimentos). De acordo com o tipo de inventários comerciais ou industriais, pode considerar-se:

- Custo de compra – preço de compra, despesas adicionais (incluindo impostos não recuperáveis), deduzindo descontos e abatimentos comerciais;
- Custo de conversão – custos diretamente relacionados com as unidades de produção (materiais diretos, mão de obra direta e gastos gerais de fabrico fixos e variáveis);
- Outros – e.g., custo de conceção de um produto específico para um cliente.

De acordo com a NCRF 10, como já foi referido, há possibilidade de incluir encargos financeiros nos inventários (e.g., em indústrias de ciclo longo, como sejam construção imobiliária e produção de Vinho do Porto, com períodos de maturação longos).

Os inventários devem ser mensurados subsequentemente pelo mais baixo entre o seu custo ou o valor realizável líquido (NCRF 18, §9), pelo que, à data de relato, se o último for inferior ao primeiro, há que proceder a ajustamentos por perdas por imparidade (§28), reconhecidos como gastos do período, que podem ser revertidos em períodos seguintes (até ao limite da quantia do ajustamento original), originando rendimentos.

O valor realizável líquido dos inventários é o seu preço de venda estimado, deduzido dos custos estimados de acabamento e os custos necessários para a venda; constituindo o valor recuperável dos inventários (§6), e deve ser revisto periodicamente (§33).

O custo dos inventários pode não ser recuperável se esses inventários estiverem danificados, se se tornarem total ou parcialmente obsoletos ou se os seus preços de venda tiverem diminuído; também pode acontecer que os custos estimados de acabamento ou os custos estimados a serem incorridos para realizar a venda tenham aumentado (§28).

O consumo dos inventários para a produção ou para vendas da entidade, deve ser reconhecido como um gasto, no período em que ocorre o respetivo rédito da produção ou venda, respetivamente (§34). Há, portanto, que atender às fórmulas de custeio admitidas para o cálculo do custo dos consumos/saídas dos inventários da entidade, a serem aplicados consistentemente de acordo com uso e natureza, semelhante, dos bens dentro da entidade. De acordo com os §§23-27 da NCRF 18, estas fórmulas são:

- Custo específico – usado em itens que não sejam geralmente intermutáveis ou bens produzidos para projetos específicos – "sai ao custo que entra";
- FIFO – "primeira entrada, primeira saída" – os primeiros inventários a serem vendidos saem ao custo dos primeiros comprados; no fim do período ficam em *stock* os inventários mensurados ao custo dos mais recentes; e
- Custo Médio Ponderado – custo de cada item vendido é a média ponderada entre o custo de itens semelhantes no início, com os comprados ou produzidos durante o período; determinado após cada entrada ou numa base periódica.

Os inventários provenientes de ativos biológicos são mensurados ao justo valor deduzido dos custos estimados no ponto de venda na altura da colheita; subsequentemente, em vez de perdas por imparidade, nestes reconhecem-se perdas/ganhos por variações de justo valor.

Para o controlo e apoio à gestão (física e contabilística) dos inventários existem os sistemas de inventário internos à entidade – sistema de inventário permanente (SIP) e sistema de inventário intermitente (SII). Visam dar a conhecer, num dado momento, a quantidade e o valor dos inventários de que empresa é proprietária ou detém, e apurar o custo das matérias consumidas e dos inventários vendidos e, consequentemente, o resultado obtido nas vendas.

As principais diferenças entre o SII e o SIP residem na forma de controlo dos movimentos dos inventários e do consequente acompanhamento do valor em *stock*, e no momento de cálculo do custo dos inventários vendidos ou consumidos (CMVMC) e do resultado bruto das vendas (RBV). Enquanto no SII tal é feito apenas no fim de cada período, no SIP é feito continuadamente.

Assim, em SIP, uma compra é seguida de "entrada em armazém" (contas 31 e 32/33); uma venda é seguida de "saída de armazém" pelo respetivo custo (contas 71 e 61). Já em SII, o valor dos inventários em stock só é possível determinar através de inventariação direta dos valores em armazém, que é periódica, ou seja, enquanto que pelo SIP se acompanha todo o movimento dos inventários armazenáveis, pelo SII tal não acontece, tendo de se recorrer a uma contagem física para conhecimento dos movimentos; o RBV também só é apurado periodicamente. Em SII as compras e vendas vão sendo registadas quando ocorrem e, periodicamente, procede-se ao registo da "entrada em armazém" (transferência da conta 31 para contas 32/33), e à inventariação física e regularização do saldo da(s) conta(s) de inventários, com o cálculo do CMVMC extra-contabilisticamente (débito na conta 61 e crédito nas contas 32/33) e das Variações nos Inventários da Produção nas empresas industriais (contas 34/35/36 e 73x). Nas empresas industriais tem-se que:

RBV = Vendas Líquidas (VL) – Custo Industrial das Vendas (CIV)

VL = Saldo Credor da conta 71 (mercadorias e inventários produtivos)
CIV => Apura-se extra-contabilidade, a saber:

CIV = CIPA – Variações nos Inventários da Produção (VP)

onde

CIPA = Matérias Consumidas + Mão de Obra Direta produtiva + Gastos Gerais de Fabrico
VP = Ef – Ei (731/732/733)

De acordo com o artigo 12º do Decreto-Lei n.º 98/2015, de 2 de junho, que aprovou o SNC, o SIP é de uso obrigatório para a maioria das entidades, excetuando-se as microentidades, bem como entidades com atividade de agricultura, produção animal, apicultura e caça; silvicultura e exploração florestal; indústria piscatória e aquicultura; pequenos pontos de vendas a retalho, e cuja atividade predominante consista na prestação de serviços.

Os sistemas de inventário, e em particular o SIP, implicam que as entidades se socorram de *Fichas de Inventário* para os registos das entradas, saídas e *stocks* de cada tipo de inventário nos seus armazéns.

Ligadas aos inventários estão determinadas operações particulares, como sejam devoluções, adiantamentos, descontos comerciais (ligados às condições de compra/venda, afetam diretamente os valores destas; e.g., descontos de quantidade ou de fidelização) e descontos financeiros (associados às condições de pagamento//recebimento, afetam o resultado operacional). Adicionalmente, há um outro conjuntos de operações especiais com inventários (e ativos biológicos), designadas de *reclassificação e regularização*, e registadas na conta 38.

As ditas reclassificações e regularizações são operações com inventários (aumentos/diminuições) que não se relacionem com compras, vendas ou consumo para a produção, designadamente:

- Sobras/quebras;
- Ofertas de fornecedores/Ofertas a clientes;
- Transferências entre contas de inventários e ativos biológicos;
- Transferências do/para o ativo fixo tangível; e
- Beneficiações em mercadorias usadas.

Tal como a conta 31 (compras), a conta 38 (reclassificação e regularização de inventários e ativos biológicos) é uma conta transitória, auxiliar que não entra no Balanço. Em SIP, implica uma transferência imediata para a contra apropriada de inventários; em SII a transferência para a conta apropriada de inventários ocorre só no final do período (aquando do inventário).

Os **ativos biológicos** enquadram-se na NCRF 17 e uma vez incluídos na Classe 3, distinguem-se de equipamentos biológicos (conta 436), que consistem em investimentos em animais e plantas vivos que reúnam os requisitos de reconhecimento como investimento e que não se enquadrem na norma referida (e.g., um cavalo para ajudar na quinta).

Um ativo biológico é um animal ou planta vivos (e.g., carneiros, porcos, árvores de fruto, vinhas, ...) – podem ser correntes (de consumo) ou não correntes (de produção). Já um produto agrícola é o produto colhido dos ativos biológicos da entidade (e.g., lã, carcaças, frutos, uvas, ...) (NCRF 17, §6).

A *NCRF 17 – Agricultura* trata da transformação biológica (compreende os processos de crescimento natural, degeneração, produção e procriação que causem alterações qualitativas e quantitativas num ativo biológico), mas não do processamento do produto agrícola após colheita (§4), que já cai no âmbito da *NCRF 18 – Inventários.*

Uma entidade deve reconhecer um ativo biológico ou produto agrícola quando, e somente quando estejam satisfeitas as condições de reconhecimento de um ativo, ou seja (NCRF 17, §11):

a) A entidade controle o ativo como consequência de acontecimentos passados;
b) Seja provável que benefícios económicos associados ao ativo fluirão para a entidade; e
c) O justo valor ou custo do ativo possa ser fiavelmente mensurado.

Um ativo biológico deve ser mensurado, no reconhecimento inicial e em cada data de balanço, pelo seu justo valor menos custos estimados no ponto de venda, exceto no caso em que o justo valor não pode ser fiavelmente mensurado (casos em que se utiliza o método do custo, mas temporariamente, apenas no reconhecimento inicial) (§13).

O produto agrícola colhido dos ativos biológicos de uma entidade deve ser mensurado pelo seu justo valor menos custos estimados no ponto de venda no momento da colheita; tal mensuração é o custo nessa data aquando da aplicação da *NCRF 18 — Inventários* (§14). Os custos no ponto de venda incluem comissões a corretores e negociadores, taxas de agências reguladoras e de bolsas de mercadorias e taxas de transferência e direitos; excluem os custos de transporte e outros necessários para levar os ativos para o mercado.

A mensuração dos ativos biológicos ao justo valor, implica que, na mensuração subsequente, sejam, à data de relato, reconhecidos ganhos ou perdas, por flutuações de justo valor, com consequências nos resultados do período. Por outro lado, um ganho ou uma perda proveniente do reconhecimento inicial de um ativo biológico deve ser reconhecido nos resultados do período (§26). Um ganho acontece, e.g., quando nasce um bezerro na manada; porém, há autores que defende que, neste caso, se deve antes tratar de uma variação de produção e não de justo valor. Uma perda ocorre, e.g., quando os custos de vender excedem, logo ao início, o justo valor (§27).

Um ganho ou perda que surja no reconhecimento inicial do produto agrícola é incluído no resultado líquido do período (§28); exemplos comuns ocorrem como consequência de colheitas (§29), maiores ou menores face ao expectável.

Os produtos agrícolas, uma vez nos inventários, podem ser classificados como produto acabado, se não sofrerem transformação adicional na entidade (e.g., laranjas diretamente para venda), ou matérias-primas, se ainda forem sujeitas a um processo de transformação (e.g., laranjas para produção de sumo ou compota).

A opção pelo justo valor (valor de transação num mercado ativo e regulado – em Portugal, por exemplo o Sistema de Informação dos Mercados agrícolas – SIMA) na mensuração dos ativos biológicos e no reconhecimento inicial dos produtos agrícolas, prende-se com a dificuldade que existe em determinar o custo da produção agrícola, que depende em parte da transformação biológica difícil, se não impossível, de valorar.

MEIOS FINANCEIROS LÍQUIDOS

EXERCÍCIO 2.1[9]

A sociedade Empele, Lda., que se dedica à venda de roupa de pele, apresentava em 31 de dezembro de N os seguintes saldos nas contas de Meios Financeiros Líquidos:

Caixa	2 600 €
Descoberto Bancário	(12 063) €
Depósitos a Prazo	30 000 €

Da análise efetuada, e com o objetivo de preparar as Demonstrações Financeiras do período N, obtiveram-se os seguintes elementos adicionais:

A) Conferência de caixa em 31/12/N:

Cheque de 100 GBP do cliente WIST, Co., p/ depósito	110 €
Notas e moedas em euros	320 €
Cheque do cliente SAINT HUMBERT, Lda. devolvido pelo Banco MMS por falta de provisão	390 €
Selos postais	140 €
Moedas comemorativas da 1.ª vinda do Papa Bento XVI a Portugal	500 €
Cheques pré-datados do empregado Sr. JOÃO DOS PINCÉIS, com data de fevereiro de N+1, relativos a um empréstimo concedido	670 €
Vale do Sr. PEIXE, motorista da empresa, para fazer face às despesas da viagem que irá realizar no próximo mês de janeiro	250 €
Cheques a aguardar depósito	130 €
20 Bilhetes do Metro de Nova Iorque, adquiridos a 1 dólar cada e ainda não utilizados	30 €

[9] Exercício adaptado de: Rodrigues, A., Carvalho, C., Cravo, D., Azevedo, G. (2015). SNC – Contabilidade Financeira: sua aplicação. Coimbra: Edições ALMEDINA.

B) A conta de Depósitos à Ordem traduz, exclusivamente, os seguintes movimentos efetuados no Banco MMS, durante o mês de dezembro de N:

Valores em €

Data	Doc.	Descrição	Débito	Crédito	Saldo
01/12/N	11301	Saldo inicial			20 000
04/12/N	112302	Cheque 87453		16 280	3 720
13/12/N	112303	Cheque 87447		14 333	(10 613)
13/12/N	112304	Despesas de emissão de cartão de crédito		25	(10 638)
22/12/N	112305	Depósito de cheques de clientes	4 650		(5 988)
31/12/N	112306	Cheque 87398		5 325	(11 313)
31/12/N	112307	Depósito noturno	1 250		(10 063)
31/12/N	112308	Cheque 87461		2 000	(12 063)

O extrato bancário reportado ao mesmo período é o que a seguir se transcreve:

Valores em €

Data	Descrição	Débito	Crédito	Saldo
01/12/N	Saldo inicial			23 000
03/12/N	Cheque 87445	1 990		21 010
07/12/N	Cheque 87453	16 280		4 730
07/12/N	Emissão de cartão de crédito	25		4 705
13/12/N	Livro de cheques	13		4 692
15/12/N	Cheque 87449	1 010		3 682
15/12/N	Cheque 87447	14 333		(10 651)
15/12/N	Transferência da conta caucionada		10 000	(651)
22/12/N	Desconto do saque n.º 2		1 300	649
22/12/N	Despesas de desconto de saque	150		499
22/12/N	Depósito de valores		4 560	5 059
23/12/N	Imposto do selo do contrato da conta caucionada	60		4 999
31/12/N	Cheque 87461	2 000		2 999
31/12/N	Juros credores (líquidos de IRC de 20%)		680	3 679

C) Outras informações:

— Câmbios em 31 de dezembro de N

1 €/x Moeda Estrangeira

Divisa	Compra	Venda
GBP	1,010	1,099
USD	0,660	0,671

— A empresa definiu a seguinte política para as falhas de caixa: até 25 € são suportadas pela empresa; o que exceder é suportado pelo tesoureiro, sendo a reposição diferida para o final do mês seguinte.

PRETENDE-SE:

1. Efetue os lançamentos contabilísticos que entender oportunos de forma a regularizar o saldo da conta Caixa.
2. Elabore o mapa de ajustamentos da conta de Depósitos à Ordem da empresa e do banco, admitindo como fiáveis os valores apresentados por este último.
3. Indique o montante máximo que pode ser sacado de Depósitos à Ordem, em 2 de Janeiro de N+1, sem correr o risco da conta ficar a descoberto.
4. Efetue os lançamentos das operações de bancos ainda não reconhecidas na contabilidade da empresa.

RESOLUÇÃO – EXERCÍCIO 2.1

1.

Valor da contagem física	=	2540 €	
Saldo contabilístico do caixa	=	-2600 €	
		- 60 €	(Falha de caixa: 25 € = gasto da empresa e 35 € = gasto do tesoureiro)

Regularização de elementos não pertencentes ao caixa (31/12/N):

Valores em €

Descrição	Débito	Valor	Crédito	Valor	Notas
Pelo cheque devolvido	2111	*390*	11	*390*	
Pelos selos postais	281	*140*	11	*140*	
Pelas moedas	1421	*500*	11	*500*	a)
Cheques pré-datados de um empregado	2382	*670*	11	*670*	
Vale do Sr. Peixe	2382	*250*	11	*250*	
Pelos bilhetes do metro	281	*30*	11	*30*	

NOTAS:

a) Admitimos, neste caso, que esta aquisição constitui uma aplicação temporária de excedentes de tesouraria, embora o mais comum possa ser o investimento com carácter de permanência. Nesta última situação, o reconhecimento seria a débito de uma subconta da conta 41 – Investimentos Financeiros.

Lançamentos da falha de caixa:

Valores em €

Descrição	Débito	Valor	Crédito	Valor	Notas
Falha de caixa	6888	*25*	11	*60*	
	2382	*35*			

Atualização de câmbio dos GBP:

Lançamentos da diferença de câmbio do cheque do cliente WIST:

Valor ao câmbio de 31/12/N	99,01	(100 GBP : 1,010)
Quantia escriturada em 31/12/N	(110,00)	
Diferença de câmbio negativa	(10,99)	

Valores em €

Descrição	Débito	Valor	Crédito	Valor	Notas
Reconhecimento da diferença de câmbio	6887	*10,99*	11	*10,99*	

Elementos do caixa em 31/12/N (após regularizações):

Cheque em GBP	99,01
Notas e moedas	320,00
Cheques de cobranças	130,00
Total	549,01

Valores em €

11 - Caixa (após retificações)

Saldo anterior	2 600,00	Cheque devolvido	390,00
		Selos postais	140,00
		Moedas comemorativas	500,00
		Cheques pré-datados	670,00
		Vale do motorista	250,00
		Bilhetes do Metro	30,00
		Falha de Caixa	60,00
		Atualização de câmbio	10,99
		Saldo em 31/12/N	549,01
	2 600,00		2 600,00

2. Mapa de ajustamentos de depósitos à ordem

Valores em €

Itens de conciliação	Empresa		Banco	
	D	C	D	C
Saldo em 31/12/N		12 063		3 679
1 - Diferença no depósito de cheques em 22/12 (erro de simpatia = 4650 - 4560)		90		
2 - Cheque 87398 (em trânsito)			5 325	
3 - Depósito noturno				1 250
4 - Livro de cheques		13		
5- Transferência da conta caucionada	10 000			
6 - Desconto do saque n.º 2	1 300			
7 - Despesas de desconto de saque		150		
8 - Imposto do selo do contrato		60		
9 - Juros credores	680			
Total	11 980	12 376	5 325	4 929
Saldo conciliado		396	396	

O saldo credor de depósitos à ordem deve ser apresentado no Passivo, em financiamentos obtidos, na conta 2512 – Descobertos bancários. Para o efeito, deve fazer-se, à data do balanço, o seguinte registo:

Valores em €

Descrição	Débito	*Valor*	Crédito	*Valor*	Notas
Descoberto bancário	12	*396*	2512	*396*	

3. Apesar de, em 31/12/N, existir um saldo bancário de 3679 €, não significa que em 02/01/N+1 o mesmo se encontre disponível, porque:

1. O cheque 87398, de 5325 €, em trânsito pode ser descontado;
2. O depósito noturno (se em valores), de 1250 €, não fica imediatamente disponível.

Aliás, do quadro acima, verifica-se que já em 31/12/N será apresentado no balanço um descoberto bancário de 396 €. Assim, quando aqueles dois movimentos forem registados pelo Banco, a conta de depósitos à ordem manter-se-á a descoberto. Como tal, não se pode sacar qualquer valor de depósitos à ordem em 02/01/N+1.

4. Lançamentos das operações de bancos ainda não reconhecidas

Valores em €

Descrição	Débito	*Valor*	Crédito	*Valor*	Notas
Diferença de depósito	2111	*90*	12	*90*	
Livro de cheques	6238	*13*	12	*13*	
Transferência da conta caucionada	12	*10 000*	2511	*10 000*	
Desconto de saque	12	*1 300*	2514	*1 300*	
Despesas de desconto	6911	*150*	12	*150*	
Imposto do selo	6812	*60*	12	*60*	
Juros credores	12	*680*	7911	*850*	b)
	241	*170*			

NOTAS:
b) 850 = 680 / (1 – 0,2)

EXERCÍCIO 2.2

O saldo de caixa da empresa MOTOSOL, S.A., no final do dia 30-12-N era composto pelos seguintes elementos:

	Valores em €
Cheques e vales de correio	2000,00
Selos de correio	105,00
Numerário em moeda nacional	509,50
Numerário em U.S.D. 1000 USD (1 EUR = 1,35 USD)	740,74
Vale de caixa referente a adiantamento ao pessoal	50,00
Vale de caixa referente a pagamento de despesas do sócio X	100,00
Senhas de refeição	500,00
Senhas de combustível	150,00
Cheque pré-datado do cliente x para 31-01-n+1	450,00
Cheque devolvido do cliente Y	700,00

O movimento do dia 31-12-n foi o seguinte:

	Valores em €
Recebimentos a dinheiro de vendas	1000,00
Outras cobranças	1500,00
Depósitos no banco P	2000,00

Informações adicionais:

Câmbio da USD em 31-12-n: 1 EUR = 1,42 USD.

PRETENDE-SE:

1. Determine o saldo final de caixa em 31-12-N;
2. Com base nos critérios valorimétricos definidos pelo SNC, efetue as correções contabilísticas que considerar convenientes no diário simplificado de MOTOSOL, S.A. com referência a 31-12-n.

3. Foi decidido pela administração, em 01-01-n+1, a constituição de um fundo fixo de caixa no valor de 500 €, através do Cheque n.º 2121212 s/BPP que ficou a cargo do Sr. X – tesoureiro.
   a) Apresente de forma abreviada o modo de funcionamento do fundo fixo de caixa, bem como as suas vantagens.
   b) Efetue o movimento contabilístico da sua constituição, naquela data.
4. Suponha que no final do mês o tesoureiro apresentava os seguintes justificativos das despesas efetuadas:

Valores em €

Almoços. 50,00
Gasolina 100,00
Material de escritório 50,00
Selos de correio 100,00

sendo nessa data reposto o fundo fixo através do Cheque n.º 1222122 s/ Bpp.

   a) Efetue os lançamentos contabilísticos das operações descritas.

RESOLUÇÃO – EXERCÍCIO 2.2

1.

Valores em €

Cheques e vales de correios		2 000,00
Selos de correios		105,00
Numerário em moeda nacional		509,50
Numerário em USD		740,74
Vale de caixa referente a adiantamentos pessoal		50,00
Vale de caixa referente a pagamento despesas do sócio X		100,00
Senhas de refeição		500,00
Senhas de combustível		150,00
Cheque p/datado do cliente X para 31/01/N+1		450,00
Cheque devolvido cliente Y		700,00
Saldo de caixa em 30.12.N		**5 305,24**
Movimento em 31.12.N	Recebimentos	2 500,00
	Pagamentos	-2 000,00
Saldo de caixa em 31.12.N		**5 805,24**

2.

Valores em €

N.º	Descrição	Débito	Valor	Crédito	Valor	Notas
1.	Movimentos do dia 31/12					
	Recebimento de VD	11	*1 000,00*	711	*1 000,00*	
	Outras cobranças	11	*1 500,00*	211	*1 500,00*	
	Depósito no Banco	12	*2 000,00*	11	*2 000,00*	
2.	Regularizações					
	Selos de correios	281	*105,00*	11	*105,00*	a)
	Atualização USD em 31/12/N	6887	*36,51*	11	*36,51*	b)
	Vale de caixa adiantamento ao pessoal	2322	*50,00*	11	*50,00*	
	Vale à caixa despesas do sócio X	268	*100,00*	11	*100,00*	
	Senhas de refeição	281	*500,00*	11	*500,00*	c)
	Senhas de combustível	281	*150,00*	11	*150,00*	d)
	Cheque pré-datado	21.X	*450,00*	11	*450,00*	
	Cheque devolvido	211	*700,00*	11	*700,00*	

NOTAS:

a) Só serão gastos quando consumidos.

b)

	Valor USD	Taxa Câmbio	Valor Euros	Dif Cb Desf
Moeda estrangeira – inicial	1 000,00	1,35	740,74	
Moeda estrangeira – em 31/12/N	1 000,00	1,42	704,23	36,51

	Valores em €
Saldo de caixa antes das regularizações:	5 805,24
Correções efetuadas (ver regularizações acima)	–2 091,51
Saldo de caixa após as correções	3 713,73

c) Só serão gastos quando utilizadas.

d) Só serão gastos quando utilizadas.

3.

a) O fundo fixo de caixa é uma quantia fixa, em geral reduzida, de que as empresas que não efetuam pagamentos por caixa, dispõem em caixa (geralmente à guarda de um tesoureiro), para fazer face a pequenos pagamentos imprevistos (e.g., deslocação de um funcionário em transporte público, para entrega urgente de documentos a um sócio para assinar). Sendo um valor fixo, sempre que algo é gasto, é reposto a partir de levantamento do depósito à ordem, mediante a apresentação dos respetivos documentos de despesa. Tem como principal vantagem permitir a empresas que procedem a pagamentos e recebimentos apenas via bancos (cheques ou transferências), dispor de um fundo para poderem fazer face a despesas imprevistas, de pequeno montante.

b)

Valores em €

N.º	Descrição	Débito	Valor	Crédito	Valor
1.	Constituição do fundo fixo de caixa	12	*3 713,73*	11	*3 713,73*
		11	*500,00*	12	*500,00*

4.

Valores em €

N.º	Descrição	Débito	Valor	Crédito	Valor
1.	Apresentação de despesas				
	Almoços	6252	*50,00*	11	*50,00*
	Gasolina	6242	*100,00*	11	*100,00*
	Material de escritório	6233	*50,00*	11	*50,00*
	Selos de correio	6262	*100,00*	11	*100,00*
2.	Reposição do fundo fixo de caixa	11	*300,00*	12	*300,00*

EXERCÍCIO 2.3

A Empresa LeiriStar, Lda apresentava em 31/12/N os seguintes saldos:

11	Caixa	2500 €
12	Depósitos à ordem	3750 €

Na conta caixa encontravam-se contabilizados:

1.1 1000 USD ao câmbio de 1 EUR = 1,15 USD. Em 31/12/N o câmbio do USD era de 1 EUR = 1,20 USD
1.2 Um vale do funcionário Lopes no valor de 250 €.
1.3 Senhas de combustível no valor de 75 €.
1.4 Um cheque de 850 € emitido em 20/12/N pelo cliente Amado, Lda.
1.5 Um vale postal de 100 €.
1.6 Senhas de refeição no valor de 200 €.

Ao ser recebido o extrato bancário do Banco GIMI constatou-se que ainda não estavam contabilizadas as seguintes operações:

2.1 Desconto de uma letra de 725 € aceite pelo cliente Óscar da Silva, Lda. As despesas com o desconto foram debitadas pelo banco no valor de 55 €.
2.2 Juros do depósito a prazo no valor de 1150 €, líquidos de IRC à taxa de 21%.
2.3 Débito do banco de 110 € referente a livros de cheques.
2.4 Devolução de cheque do cliente Rimor, Lda no valor de 1570 € por falta de provisão. Despesas bancárias de 33,50 €.
2.5 Verificou-se que os cheques emitidos em 3/12/N aos fornecedores Maia e Verde no valor de 750 € e 1125 €, respetivamente, ainda não foram descontados.

PRETENDE-SE:

Contabilização e regularização de todas as operações que lhe pareçam relevantes relativas ao período de dezembro de N. Apresente o novo saldo de caixa. Apresente o saldo que constava no Extrato do Banco GIMI.

RESOLUÇÃO – EXERCÍCIO 2.3

Regularização da conta Caixa

Valores em €

N.º	Descrição	Débito	Valor	Crédito	Valor	Notas
1.	Regularizações à conta caixa					
	Atualização USD em 31/12/N	6887	*36,24*	11	*36,24*	a)
	Vale do funcionário Lopes	2322	*250,00*	11	*250,00*	
	Senhas de combustível	281	*75,00*	11	*75,00*	b)
	Cheque cliente Amado, Lda.	21x	*850,00*	11	*850,00*	
	Senhas de refeição	281	*200,00*	11	*200,00*	c)

NOTAS:

a)

	Valor USD	Taxa Câmbio	Valor Euros	Dif Cb Desf
Moeda estrangeira – inicial	1000,00	1,15	869,57	
Moeda estrangeira – em 31/12/N	1000,00	1,20	833,33	36,24

b) As senhas só devem ser imputadas a gastos quando consumidas, como tal são Gastos a reconhecer.

c) As senhas só devem ser imputadas a gastos quando consumidas, como tal são Gastos a reconhecer.

	Valores em €
Saldo de Caixa inicial	2 500,00
Regularizações de caixa (lançamentos acima)	–1 411,24
Saldo final de caixa	1 088,76

Regularização da conta Depósitos à Ordem

N.º	Doc.	Movimentos	Banco		Empresa	
			Valores	D/C	Valores	D/C
Saldo não reconciliado em:					3 750,00	D
2.1	Letra	Desconto letra n/registado na contabilidade			725,00	D
	Letra	Despesas desconto			–55,00	C
2.2	Juros	Juros depósito a prazo			1 150,00	D
	IRC	Retenção na fonte IRC			–241,50	C
2.3	Cheques	Livro de cheques			–110,00	C
2.4	Dev	Devolução cheque cliente Rimor, falta prov.			–1 570,00	C
	Desp	Despesas com devolução			–33,50	C
2.5	Cheques	Cheques emitidos não descontados	750,00	D		
			1 125,00	D		
Saldo reconciliado			1 875,00	D	3 615,00	D
		Saldo indicado no extrato bancário (Credor)	5 490,00			
			–3 615,00			

NOTAS:

a) Na coluna "valores do banco" registam-se os valores já registados na contabilidade e não saídos no extrato do banco, com sinal contrário ao da contabilidade.

b) Na coluna "valores da empresa" registam-se os valores já registados no banco e não contabilizados na empresa, com sinal contrário ao do banco.

c) O saldo reconciliado deve ter o mesmo valor, mas com sinal contrário.

EXERCÍCIO 2.4[10]

A sociedade Sempreinvest, S.A. detém uma carteira de ações diversificada, pois aproveita os excedentes temporários de tesouraria para fazer este tipo de investimentos especulativos. Dada a baixa generalizada das cotações das principais ações no mercado, nos últimos tempos, a administração da sociedade tem uma grande expectativa que o mercado retomará, a curto prazo, a tendência de subida.

Em 10 de dezembro de N, a conta 14 – Outros Instrumentos financeiros apresentava a seguinte composição:

valores em €

Código	Descrição da conta	Saldo	Notas
1421	Outros instrumentos financeiros – Ativos financeiros:		
14211	Ações da sociedade SMA	12 900	a)
14212	Ações da sociedade CRRL	18 500	b)
14213	Ações da sociedade TTP	20 000	c)
14214	Obrigações da SAD do Benfica	8 750	d)

NOTAS:

a) Corresponde a 3000 ações adquiridas em 10 de junho do ano N.
b) Corresponde a 5000 ações adquiridas em 20 de setembro do ano N.
c) Corresponde a 4000 ações adquiridas em 10 de outubro do ano N.
d) Corresponde a 2500 obrigações adquiridas em 10 de novembro do ano N.

Outras Informações:

Em 10 de dezembro de N, foram alienadas 50% das ações da sociedade SMA detidas em carteira. Condições de venda: valor unitário – 5 €; Despesas de transação – 25 €. Esta operação foi realizada através do Banco MMS.

A cotação das ações da carteira da Sempreinvest, S.A., em 31 de dezembro de N, era a seguinte:

SMA: 3,9 €;
CRRL: 4,5 €;
TTP: 5,0 €;
Obrigações do Benfica: 3,0 €.

[10] Exercício adaptado de: Rodrigues, A., Carvalho, C., Cravo, D., Azevedo, G. (2015). SNC – Contabilidade Financeira: sua aplicação. Coimbra: Edições ALMEDINA.

PRETENDE-SE:

Registo das operações, realizadas durante dezembro do ano N, indispensáveis para que o Balanço de 31/12/N apresente de forma adequada a posição financeira da empresa Sempreinvest, S.A.

RESOLUÇÃO - EXERCÍCIO 2.4

10/dez/N Registo da alienação de 50% das ações da sociedade SMA
Custo unitário de cada ação = 12 900 € / 3000 ações = 4,3 € / ação
Custo das ações vendidas = 1500 ações × 4,3 € = 6450 €
Valor bruto da venda das 1500 ações = 1500 ações × 5 € = 7500 €
Despesas de transação = 25 €
Valor líquido da venda = 7500 € - 25 € = 7475 €[11].
Ganho na alienação das ações = 7475 € - 6450 € = 1025 €.

Valores em €

Descrição	Débito	Valor	Crédito	Valor	Notas
Registo da alienação das ações	12	*7 475*	14211	*6 450*	
			7884	*1 025*	

31/dez/N Registo das alterações do justo valor das ações em carteira da Sempreinvest, Lda.
Ações da sociedade SMA:
— N.º de ações em carteira = 1500
— Cotação escriturada = 4,3 €
— Cotação em 31/12/N = 3,9 €
— Perda por redução do justo valor = 1500 ações × (4,3 € – 3,9 €) = 600 €

valores em €

Descrição	Débito	Valor	Crédito	Valor	Notas
Perdas por redução de justo valor	661	*600*	14211	*600*	

[11] Entendemos que o SNC orienta no sentido de reconhecer o valor líquido do desreconhecimento (venda), cf. al. a) do § 2.6.3 das Bases para a Apresentação de DF – Anexo ao Decreto Lei n.º 158/2009, de 13 de julho.

Ações da sociedade CRRL:
— Justo valor em 31/12/N = 5000 ações × 4,5 € = 22 500 €
— Quantia escriturada = 18 500 €
— Ganho por aumento de justo valor = 22 500 € – 18 500 € = 4000 €

Valores em €

Descrição	Débito	Valor	Crédito	Valor	Notas
Ganhos por aumentos de justo valor	14212	*4 000*	771	*4 000*	

Ações da sociedade TTP:
— Justo valor em 31/12/N = 4000 ações × 5 € = 20 000 €
— Quantia escriturada = 20 000 €
— Não há alterações de justo valor a registar.

Obrigações do Benfica:
— Justo valor em 31/12/N = 2500 obrigações × 3 € = 7500 €
— Quantia escriturada = 8750 €
— Perda por redução do justo valor = 8750 € – 7500 € = 1250 €

valores em €

Descrição	Débito	Valor	Crédito	Valor	Notas
Perdas por redução de justo valor	661	*1 250*	14214	*1 250*	

EXERCÍCIO 2.5

Sabendo que entre o extrato da conta do BANCO C em 31 de dezembro e a conta corrente estabelecida na empresa existe uma diferença, calcule o saldo indicado pelo extrato bancário e efetue os registos contabilísticos que entenda necessários, tendo em conta que:

1. Na contabilidade a conta do referido banco mostrava um saldo de 11 500 € a favor da empresa.
2. Os cheques emitidos e não apresentados no banco somavam 4162 €.

3. Um depósito de 1620 € efetuado em dezembro só foi considerado pelo banco em 2 de janeiro seguinte.
4. O banco contabilizou um valor de 62,70 € de juros de depósitos a prazo vencidos em 27 de dezembro cuja comunicação só chegou à empresa em janeiro.
5. Nos livros da empresa aparece creditado na conta do Banco C um cheque de 333 € devido a erro cometido na escrituração, pois o referido cheque tinha sido emitido sobre outro banco.

Sugestão de Mapa de Trabalho para Reconciliação Bancária

Empresa:

Conta n.º Banco: Data do extrato ___/___/___

I – Saldo da conta segundo o Razão	(=)	...
II – Débitos efetuados pelo banco e não contabilizados pela empresa	(–)	...
III – Créditos efetuados pelo banco e não contabilizados pela empresa	(+)	...
IV – Débitos efetuados pela empresa que não constam do extrato	(–)	...
V – Créditos efetuados pela empresa que não constam do extrato	(+)	...
VI – Saldo do extrato de conta (I – II + III – IV + V)	(=)	...

EXERCÍCIO 2.6

A conta de Razão 12 – Depósitos à Ordem, aberta no Banco Conimbriga, apresenta saldo devedor no valor de 821,80 €. No entanto, o extrato bancário recebido, apresentava para a mesma data um saldo credor de 1470 €.

Sabendo que:

1. No extrato bancário ainda não constavam dois cheques já entregues a fornecedores nos montantes de 650 € e 570 €;
2. Venceram-se juros relativos ao depósito a prazo e já creditados na conta à ordem no valor de 153,50 €. Estes juros não foram ainda contabilizados pelo Sr. Pereira, contabilista da empresa;

3. A letra apresentada a desconto pela empresa foi descontada tal como havia confirmado telefonicamente o gerente do balcão. O Sr. Pereira já havia contabilizado o valor nominal da letra e aguardava o extrato para efetuar os lançamentos relativos aos encargos da mesma – valor da letra 1500 €, encargos 92,50 €.
4. Foi debitada à empresa a quantia de 2,5 € relativa à emissão de um livro de cheques. O Sr. Pereira esqueceu-se completamente de tal operação, estando ainda os cheques de posse da entidade bancária;
5. A letra aceite no mês passado pelo nosso cliente de Matosinhos não foi paga no vencimento. Esta havia sido descontada e foi-nos agora devolvida (recambiada). O valor da letra era de 625 € e os portes e adicionais debitados à empresa foram de 5,30 €.
6. O Sr. Pereira registou o facto de quer os depósitos realizados ao longo do mês, no valor de 2150 €, quer os restantes cheques emitidos no mesmo período estarem também já registados no extrato que agora recebeu.

PRETENDE-SE:

1. A explicação da diferença existente nos saldos da contabilidade e do extrato bancário.
2. Os lançamentos relativos às operações que achar deverem ser contabilizadas.

EXERCÍCIO 2.7

A sociedade Navegando, Lda. apresentou nas suas contas de meios financeiros líquidos os seguintes valores:

Balancete em 31 de dezembro de N valores em €

Contas	Saldo devedor	Saldo credor
11 – Caixa	2 433,86	
12 – Depósitos à ordem		345,00
14 – Outros instrumentos financeiros		
142 – Instrumentos financeiros detidos para negociação (*)		
14211 – Ações da EDP	3 300,00	
14212 – Ações da REN	2 400,00	

(*) Valores de 30 de novembro de N.

Sabe-se ainda que, ao fazer a verificação de contas, foram detetadas as seguintes situações:

1. O saldo da conta caixa corresponde a:
   a. Cheques, notas e moedas nacionais .... 823,50 €
   b. Vale ao sócio Santos e Silva .... 300,00 €
   c. Vales postais .... 510,36 €
   d. Vale de adiantamento de remuneração a Pedro Baldaia .... 500,00 €
   e. Bilhetes de transportes públicos pré-comprados .... 50,00 €
   f. Cheque devolvido pelo banco .... 250,00 €
2. Dos dois bancos em que a sociedade tem depósitos à ordem, apenas um registava diferenças relativamente ao extrato bancário enviado pelo banco relativamente ao último mês, nomeadamente:
   a. Cheques emitidos pela empresa ainda não apresentados no banco. 564,00 €
   b. Depósito bancário ainda não registado no banco .... 834,00 €
   c. Desconto do n/ saque n.º 18, no valor nominal de 420 € e encargos no valor de 45 €. Este saque corresponde à reforma parcial do n/ saque n.º 10 no valor de 600 €. A entidade ainda não tinha registado nem a reforma nem o desconto, bem como os respetivos encargos a ser debitados ao cliente, mas não incluídos no saque da nova letra. Entretanto foram recebidos os respetivos documentos.
   d. Foi debitado o pagamento do n/ aceite n.º 12, letra domiciliada, no valor de 400 €.
3. Relativamente à carteira de ativos financeiros, constituída por 1000 ações da EDP e 2000 ações da REN:
   a. Foi efetuada uma venda de 500 ações da EDP por 3,25 € cada, despesas de 15 €.
   b. As cotações das ações da EDP e da REN, em 31/12/N, eram de 3,089 € e 1,81 €, respetivamente.

PRETENDE-SE:

Proceda aos registos contabilísticos que entender necessários, para que os meios financeiros líquidos da empresa representem fidedignamente os valores efetivos à luz das disposições do SNC.

EXERCÍCIO 2.8[12]

A sociedade Beta-Alfa, S.A. detém uma carteira de ações diversificada. Em dezembro de N, a conta 142 – Instrumentos financeiros detidos para negociação, da Beta-Alfa apresentava um saldo devedor de 100 000 € relativo a 10 000 ações.

Valores em €

Código	Descrição da conta	Saldo	Notas
1421	Ativos financeiros:		
14211	Ações da sociedade SMA	58 500	a)
14212	Ações da sociedade CRRL	41 500	b)

NOTAS:

a) Corresponde a 5000 ações adquiridas em 10 de junho do ano N.

b) Corresponde a 5000 ações adquiridas em 20 de setembro do ano N.

Outras Informações reportadas a dezembro de N:

a) Alienação de 50% das ações da sociedade SMA detidas em carteira. Condições de venda: valor unitário – 5 €; Despesas de transação – 25 €. Esta operação foi realizada através do Banco MMS.

b) Compra de 3000 ações da Emptor, S.A., com um valor nominal de 5 € e adquiridas a 6 €. Despesas de aquisição deste pacote: 120 €.

c) A cotação das ações da carteira da Beta-Alfa era, em 31 de dezembro de N, a seguinte:

— SMA – 10,9 €;

— CCRL – 9,5 €;

— EMPTOR – 6 €.

PRETENDE-SE:

Registo das operações realizadas durante o mês de dezembro do ano N, indispensáveis para que o Balanço final apresente de forma adequada a posição financeira da empresa Beta-Alfa, S.A.

---

[12] Exercício adaptado de: Rodrigues, A., Carvalho, C., Cravo, D., Azevedo, G. (2015). SNC – Contabilidade Financeira: sua aplicação. Coimbra: Edições ALMEDINA.

CONTAS A RECEBER E A PAGAR

EXERCÍCIO 2.9

Tomando por base um dado ano N, proceda ao registo das seguintes operações que ocorreram numa determinada entidade, ignorando o registo do IVA quando aplicável:

1. Pagamento em janeiro de N, por transferência bancária, das faturas (IVA a 5%) de eletricidade (150 €) e de água (45 €) relativas a dezembro do ano N-1.
2. Aviso-recibo n.º 452 da companhia de seguros relativo à anuidade do seguro de responsabilidade civil do armazém, com início em 1 de dezembro do ano N. Valor do seguro: 7380 € (isento de IVA ao abrigo do art. 9.º do CIVA). Pagamento nesta data, por transferência bancária.
3. A empresa iniciou em 1 de dezembro do ano N, uma campanha publicitária que se estenderá por um período de 3 meses. De acordo com as condições contratuais, a agência de publicidade emitirá a respetiva fatura, no valor total de 45 000 € (IVA incluído) durante o mês de janeiro de N+1.
4. Gastos previstos com subsídios de férias a pagar no ano N+1: as remunerações brutas ascendem em N a 30 000 €, sobre as quais incidem encargos sociais de 23,75%.
5. Desconto, em 1 de dezembro do ano N, do n/ saque n.º 23 com vencimento em 31 de março do ano N+1. O valor nominal do título é de 10 000 €, tendo a empresa suportado 227 € de encargos com a operação.
6. Recebimento, em cheque, da renda do mês de janeiro de N+1, relativo ao nosso imóvel sito na Rua das Rosas. Foi efetuada a respetiva retenção (à taxa de 15%), tal como previsto no art. 101º do CIRC. Valor da renda: 1500 €. Isento de IVA ao abrigo do art. 9º CIVA.
7. Aviso de lançamento n.º 488 do BPI, relativo ao recebimento de um subsídio do Estado de 100 000 € para financiamento de 40% de um equipamento básico adquirido em abril de N, cujo período de vida útil estimado é de 8 anos.
8. O material de escritório não consumido foi avaliado, no final de N, em 2500 €.
9. Venda, em dezembro do ano N, da mercadoria X ao cliente A. Vasconcelos, SA, no valor de 5600 € (acresce IVA a 23%). Guia de Remessa n.º 768/N. Por atraso na contabilidade, a fatura só foi enviada em janeiro de N+1.

RESOLUÇÃO – EXERCÍCIO 2.9

Valores em €

N.º	Descrição	Débito	Valor	Crédito	Valor
1.	Pagamento das faturas de eletricidade e água relativas a dezembro de N–1	2722	*195,00*	12	*195,00*
2.	Anuidade do seguro do armazém	6263	*615,00*		
		281	*6 765,00*		
				12	*7 380,00*
3.	Campanha publicitária	6222	*15 000,00*	2722	*15 000,00*
4.	Gastos com férias e subsídios de férias do pessoal	631/632	*30 000,00*		
		635	*7 125,00*		
				2722	*37 125,00*
5.	Juros relativos ao desconto do N/saque n.º 23	6918/6988	*56,75*		
		281	*170,25*		
				12	*227,00*
6.	Recebimento da renda do mês de janeiro N+1	12	*1 275,00*		
		241	*225,00*		
				282	*1 500,00*
7.	Recebimento de subsídio	12	*100 000,00*	593	*100 000,00*
8.	Material de escritório não consumido em N	281	*2 500,00*	6233	*2 500,00*
9.	Venda com posterior emissão de fatura	2721	*5 600,00*	711	*5 600,00*

EXERCÍCIO 2.10[13]

A sociedade Diferconta, S. A., realizou as seguintes operações em dezembro de N:

1. Pagamento, por transferência bancária, da renda mensal do edifício onde estão instalados os seus escritórios, referente ao mês de janeiro de N+1, no montante de 1000 €, com retenção na fonte à taxa de 15%.
2. Imputação da estimativa de férias e subsídio de férias no valor de 12 500 €.
3. Recebimento do juro anual antecipado de 1200 €, referente a um depósito a prazo com vencimento em 1/12/N. Taxa de retenção na fonte de 20%.

---

[13] Exercício adaptado de: Rodrigues, A., Carvalho, C., Cravo, D., Azevedo, G. (2015). SNC – Contabilidade Financeira: sua aplicação. Coimbra: Edições ALMEDINA.

PRETENDE-SE:

Proceda ao registo contabilístico das situações descritas.

RESOLUÇÃO – EXERCÍCIO 2.10

Valores em €

N.º	Descrição	Débito	*Valor*	Crédito	*Valor*	Notas
1.	Pagamento da renda de janeiro N+1	281	*1 000*	242	*150*	
				12	*850*	
2.	Estimativa de férias e subsídio de férias de N	63	*12 500*	2722	*12 500*	
3.	Recebimento do juro	12	*1 200*	7911	*125*	a)
		241	*300*	282	*1 375*	

NOTA:

a) Rédito do juro = 1200 € / (1 – 0,2) = 1500 €
Rédito de N = 1500 € / 12 = 125 €
Rédito de N+1 = 125 € × 11 = 1375 €

EXERCÍCIO 2.11[14]

A sociedade Beirario, Lda., apresentou, entre outros, os seguintes saldos em 31/12/N (em €):

a) Devedores por acréscimos de rendimentos
   - Juros a receber .... 500 000 €

b) Gastos a reconhecer
   - Seguros pagos .... 250 000 €

c) Credores por acréscimos de gastos
   - Remunerações a pagar .... 600 000 €
   - Campanha publicitária.. 50 000 €

d) Adiantamentos de clientes .... 800 000 €

[14] Exercício adaptado de: Rodrigues, A., Carvalho, C., Cravo, D., Azevedo, G. (2015). SNC – Contabilidade Financeira: sua aplicação. Coimbra: Edições ALMEDINA.

Sabendo que, durante o ano de N+1:

- Foram recebidos através do banco 1 200 000 € de juros;
- Foram pagas, por transferência bancária, remunerações no montante de 4 350 000 €;
- As vendas foram de 7 250 000 €, incluindo 800 000 € de mercadorias entregues a clientes que haviam efetuado o pagamento das mesmas em N;
- Foi paga a fatura /recibo referente à campanha publicitária no Fórum Amigos do Rio, do período de 01/07/N a 30/06/N+2, no valor total de 200 000 €.

Sabe-se, ainda, que o seguro pago refere-se ao período de 01/09/N a 31/08/N+1.

PRETENDE-SE:

Efetue os lançamentos das operações referentes a N+1.

RESOLUÇÃO – EXERCÍCIO 2.11

Valores em €

N.º	Descrição	Débito	*Valor*	Crédito	*Valor*	Notas
1.	Recebimento de 1 200 000 € em juros	12	*1 200 000*	7911	*700 000*	a)
				2721	*500 000*	
2.	Pagamento de remunerações no montante de 4 350 000 €	631/632	*3 750 000*	231	*3 750 000*	
		231	*3 750 000*	12	*4 350 000*	
		2722	*600 000*			
3.	Venda de mercadorias	2111	*8 917 500*	711	*7 250 000*	
				2433	*1 667 500*	
	Anulação do adiantamento	218	*800 000*	2211	*984 000*	
		24341	*184 000*			
4.	Pagamento da campanha publicitária	2722	*50 000*	12	*246 000*	
		6222	*100 000*			
		281	*50 000*			
		2432	*46 000*			
5.	Pagamento de seguro	6263	*250 000*	281	*250 000*	

NOTA:

a) Por simplificação s/retenção.

EXERCÍCIO 2.12

Na empresa Gama, Lda., que se dedica ao comércio de cereais, ocorreram, durante o segundo trimestre de N, os seguintes factos patrimoniais:

1. Compra a prazo (90 dias) de mercadorias por 5000 €. Fatura n.º 523/N do fornecedor ANTUNES.
2. Venda a pronto de mercadorias no valor de 7000 €. Nossa fatura-recibo n.º689/N.
3. Compra ao fornecedor FARM, Lda. de 200 sacos de farinha industrial, a 10 €/ cada, com um desconto comercial de 5%. Fatura n.º 859.
4. Compra ao fornecedor RIPAL, Lda. de mercadoria no valor de 800 €. Pagamento a pronto com um desconto financeiro de 10%.
5. Venda de mercadorias a SDR, Lda. no valor de 4300 €. Foi concedido um desconto de quantidade de 5%. N/ fatura n.º 45.
6. Compra de 10 000 € de mercadorias a SOUSA & SILVA, Lda. (fatura n.º 10077). Metade da dívida foi paga a pronto, tendo sido a outra metade titulada por letra.

PRETENDE-SE:

Contabilize os factos patrimoniais em diário, considerando IVA à taxa de 6%.

RESOLUÇÃO – EXERCÍCIO 2.12

Valores em €

N.º	Descrição	Débito	Valor	Crédito	Valor	Notas
1.	Compra a crédito de mercadorias	311	5 000,0	22111	5 300,0	
		2432	300,0			
2.	Venda a p.p. de mercadorias	21111	7 420,0	711	7 000,0	
				2433	420,0	
	Pelo recebimento	12	7 420,0	2111	7 420,0	
3.	Compra a crédito com 5% desc. Comercial	311	1 900,0	22112	2 014,0	
		2432	114,0			
4.	Compra a p.p.com 10% desc. financeiro	311	1 800,0	782	180,0	
		2432	97,20,0	22113	1 717,2	
	Pelo pagamento	22113	1 717,2	12	1 717,2	
5.	Venda a crédito com 5% desc. comercial	21112	4 330,1	711	4 085,0	
				2433	245,1	
6.	Compra de mercadorias	311	10 000,0	22114	10 600,0	
		2432	600,0			
	Pelo pagamento de 50% do montante	22114	5 300,0	12	5 300,0	
	Pela letra 50%	22211	5 300,0	22114	5 300,0	

EXERCÍCIO 2.13

A sociedade BOM DESCANSO, S.A., com sede em Pombal, dedica-se à comercialização de colchões e é sujeito passivo de IVA à taxa normal (23%). As operações abaixo descritas ocorreram durante o mês de janeiro de um dado ano:

1. Adiantamento através do cheque n.º 3478652, sobre o BPI, no valor de 1230 €, do cliente Pensão Antunes, Lda., para sinalizar a sua encomenda de 3 colchões Modelo LIG conforto, a 600 € cada.
2. Compra a 60 dias de 20 colchões de casal Modelo TY-ortopédico a 750 € cada. Fatura n.º 8945 do Fornecedor Notetito, S.A.
3. Venda de 4 colchões individuais Modelo PURQ para beliches. N/fatura-recibo n.º 21/N, ao cliente António Tavares, no valor 1328,40 €, incluindo um desconto financeiro de 10%. O cliente pagou com o cheque n.º 345678, sobre a CGD.

4. Nota de crédito n.º 34 do fornecedor Notetito, S.A., com um desconto comercial de 5% que, por lapso, não foi incluído na s/ fatura n.º 8945.
5. Foram fornecidos os colchões à Pensão Antunes, Lda.. N/ fatura n.º 124/N, a 30 dias.
6. Pagamento, a 31 de janeiro, dos juros semestrais postecipados do empréstimo a 5 anos, que a empresa tinha contraído no Banco Santander. O capital em dívida há 6 meses era de 45 000 €, sendo a taxa de 4% ao ano.

PRETENDE-SE:

Contabilize os factos patrimoniais em diário, considerando IVA à taxa de 23%.

RESOLUÇÃO – EXERCÍCIO 2.13

Valores em €

N.º	Descrição	Débito	*Valor*	Crédito	*Valor*	Notas
1.	Adiantamento por conta de vendas	12	*1 230,00*	276	*1 000,00*	
				2433	*230,00*	
2.	Compra a crédito de mercadorias	311	*15 000,00*	2211	*18 450,00*	
		2432	*3 450,00*			
3.	Venda a p.p. com desconto financeiro	682	*120,00*	711	*1 200,00*	
		2111	*1 328,40*	2433	*248,40*	
	Recebimento por cheque	11	*1 328,40*	2111	*1 328,40*	
4.	Desconto comercial obtido (N. Crédito) – 5%	2211	*922,50*	318	*750,00*	
				24342	*172,50*	
5.	Venda a crédito	2111	*2 214,00*	711	*1 800,00*	
				2433	*414,00*	
	Regularização do adiantamento (op.1)	276	*1 000,00*	2111	*1 230,00*	
		24341	*230,00*			
6.	Pagamento de juros semestrais postecipados	6911	*150,00*	12	*900,00*	
		2722	*750,00*			

EXERCÍCIO 2.14[15]

A empresa Verde Pinho, Lda. dedica-se à comercialização de produtos de madeira exótica para soalhos. Sabe-se que relativamente à madeira de faia a empresa pratica o preço de 100 €/m² e pratica uma margem de lucro de 30% sobre o preço de venda. A sociedade é sujeito passivo de IVA.

A sociedade Verde Pinho, Lda. presta também serviços de montagem de soalhos, pois dispõe de uma equipa altamente especializada, que visa dar resposta às necessidades dos seus clientes individuais.

Sabe-se que durante o último trimestre do ano N, realizou as seguintes operações com o cliente Jula – Madeiras, Lda.:

1. Nota de crédito n.º 22 no valor de 24 600 €, relativa ao seu adiantamento efetuado por transferência bancária por conta do fornecimento de 800 m² de madeira de faia;
2. Venda a crédito (fatura n.º 356) de 800 m² de madeira de faia, tendo-lhe sido concedido um desconto comercial de 10%;
3. Recibo n.º 251 relativo ao pagamento por cheque do valor em dívida, referente à fatura n.º 356, tendo-lhe sido concedido um desconto financeiro de 1%;
4. Nota de crédito n.º 36 relativa à devolução de 200 m² de madeira de faia, por divergência na cor da madeira;
5. Montagem de um soalho nos escritórios do cliente Jula – Madeiras, Lda. A sociedade Verde Pinho, Lda. emitiu a fatura n.º 438 pelo serviço prestado, no valor de 4300 €.

PRETENDE-SE:

Registo das operações descritas sabendo que a empresa Verde Pinho, Lda. adota o sistema de inventário permanente na contabilização dos seus inventários.

---

[15] Exercício adaptado de: Rodrigues, A., Carvalho, C., Cravo, D., Azevedo, G. (2015). SNC – Contabilidade Financeira: sua aplicação. Coimbra: Edições ALMEDINA.

RESOLUÇÃO - EXERCÍCIO 2.14

Cálculos auxiliares:

Margem de lucro = 30% PV

PC = PV × 70%

PV = 100 €

PC = 100 × 0,7 = 70 €/m^2

Valores em €

N.º	Descrição	Débito	Valor	Crédito	Valor	Notas
1.	Pelo registo do adiantamento – N. crédito	12	*24 600,00*	276	*20 000,00*	
				2433	*4 600,00*	
2.	Pela venda a crédito – fatura	2111	*88 560,00*	711	*72 000,00*	a)
				2433	*16 560,00*	
	Pela saída de armazém das mercadorias vendidas	611	*56 000,00*	32	*56 000,00*	b)
	Pela regularização do adiantamento do cliente	276	*20 000,00*	2111	*24 600,00*	
		24341	*4 600,00*			
3.	Pelo recebimento do cliente – recibo	12	*63 320,40*	2111	*63 960,00*	c)
		682	*639,60*			
4.	Pela devolução – N. crédito	717	*18 000,00*	2111	*22 140,00*	d)
		24341	*4 140,00*			
	Pela entrada em armazém	32	*14 000,00*	611	*14 000,00*	e)
5.	Pela venda a crédito – fatura	2111	*5 289,00*	72	*4 300,00*	
				2433	*989,00*	

NOTAS:

a) 800 m^2 × 100 € × 90% = 72 000 € (deduzido do desconto comercial incluído na fatura).

b) 800 m^2 × 70 € = 56 000 €.

c) Valor do desconto de pronto pagamento = (88 560 € – 24 600 €) × 1% = 629,2 €. Admite-se que, ao abrigo do art. 78.º CIVA, a empresa optou pela não regularização do IVA relativo ao desconto financeiro.

d) Pv unitário = 72 000 € / 800 m^2 = 90 €
Valor da devolução = 90 € × 200 m^2 = 18 000 €

e) Sistema Inventário Permanente = 70 € × 200 m^2 = 14 000 €

EXERCÍCIO 2.15[16]

A sociedade Sarhy, Lda., com sede em Coimbra, dedica-se à venda de roupa estilo indiano. É sujeito passivo de IVA à taxa normal (23%).

A entidade utiliza o sistema de inventário intermitente para o registo dos movimentos das suas mercadorias. Do balancete de 30 de julho de N retiraram-se os seguintes elementos relativos ao IVA:

Valores em €

Contas	Saldo devedor	Saldo credor
2432 IVA – Dedutível	192 000	
24321 Inventários		
243211 Aquisições no Território Nacional		
2432113 À taxa normal	180 000	
24323 Outros Bens e Serviços		
243231 Aquisições no Território Nacional		
2432313 À taxa normal	12 000	
2433 IVA – Liquidado		245 000
24331 Relativo a Operações Gerais		
243311 Transações Internas de Bens e Serviços		245 000
2437 IVA – A recuperar	28 000	
2438 IVA – Reembolsos pedidos	24 200	
Subtotais	244 2000	245 000

Relativamente à sociedade Sarhy, Lda. estão ainda por registar as seguintes operações realizadas em julho de N:

1. Fatura n.º 834 de Corjovem, Lda., no valor de 61 500 €, referente à compra de 10 000 saias. Em maio de N, a empresa efetuou um adiantamento ao fornecedor de 20% da quantia anterior.
2. Compra a um fornecedor belga de 1000 pares de calças, ao preço unitário de 15 €. A Sarhy negociou antecipadamente um desconto de quantidade de 2%.

[16] Exercício adaptado de: Rodrigues, A., Carvalho, C., Cravo, D., Azevedo, G. (2015). SNC – Contabilidade Financeira: sua aplicação. Coimbra: Edições ALMEDINA.

3. Foram pagos os honorários do primeiro semestre de N ao economista, que presta serviços de consultoria em regime de trabalho independente à Sarhy desde N-6. O valor da prestação de serviço ascende a 2500 €. Este consultor é sujeito passivo de IVA e os rendimentos que lhe são colocados à disposição estão sujeitos à retenção na fonte de IRS à taxa de 20%. Cheque n.º 876598 sobre o Banco MMS. Seu recibo verde n.º 17435652.
4. Cheque n.º 876599 sobre o Banco MMS, no valor de 22 140 €, para pagamento de um adiantamento ao fornecedor Investex, referente à aquisição de um novo mobiliário para a loja que a Sarhy irá abrir brevemente no centro da cidade.
5. O Tribunal da Comarca de Coimbra declarou a insolvência do cliente Ariasempre, Lda., o qual tinha em débito acumulado para com a Sarhy de 21 648 €. Este cliente já estava reconhecido como cliente de cobrança duvidosa desde N-3.
6. Aceite de uma letra, por proposta do nosso fornecedor Corjovem, pelo montante da nossa dívida.
7. Devolução de mercadorias, no valor de 7200 €, ao fornecedor Oasis do Oriente, por as mesmas se encontrarem defeituosas. Nota de crédito n.º 45 do nosso fornecedor.
8. Venda ao nosso cliente espanhol El Tirano de Madrid de mercadorias no valor de 7260 €.
9. Foi efetuado o pagamento dos serviços de comunicações de junho de N, através de cheque, no valor de 1107 €.
10. O fornecedor Investex entregou o mobiliário encomendado pela Sarhy para a abertura da nova loja, cuja inauguração está agendada para o próximo dia 4 de agosto. Fatura n.º 456, no valor de 73 800 €.

PRETENDE-SE:

1. Registo dos factos patrimoniais descritos à luz do SNC.
2. Apuramento do IVA do mês de julho.

RESOLUÇÃO – EXERCÍCIO 2.15

1.

Valores em €

N.º	Descrição	Débito	*Valor*	Crédito	*Valor*	Notas
1.	Registo da compra	311	*50 000*	221	*61 500*	a)
		2432	*11 500*			
	Anulação do adiantamento	221	*12 300*	39	*10 000*	
				24342	*2 300*	
2.	Aquisição intracomunitária de bens	311	*14 700*	221	*14 700*	b)
	Aquisição intracomunitária – liquidação/dedução do IVA	2432	*3 381*	2433	*3 381*	
3.	Honorários do economista	6224	*2 500*	12	*2 575*	c)
		2432	*575*	242	*500*	
4.	Adiantamento a fornecedores de investimentos	2713	*18 000*	12	*22 140*	d)
		2432	*4 140*			
5.	Declaração de insolvência do cliente (dívida incobrável)	219	*21 648*	213	*21 648*	e)
	Reconhecimento do IVA recuperável do Estado	24341	*4 048*	783	*4 048*	
6.	Aceite de letra a fornecedores	221	*49 200*	222	*49 200*	f)
7.	Devolução de compras	221	*8 856*	24342	*1 656*	g)
				317	*7 200*	
8.	Transmissão intracomunitária de bens	211	*7 260*	711	*7 260*	
9.	Gastos com comunicações	6262	*900*	12	*1 107*	h)
		2432	*207*			
10.	Aquisição de equipamento administrativo	435	*60 000*	2711	*73 800*	i)
		2432	*13 800*			
	Anulação do adiantamento a fornecedores de investimento	2711	*22 140*	2713	*18 000*	
				24342	*4 140*	

NOTAS:

a) Compra líquida = 61 500 € / 1,23 = 50 000 €
IVA dedutível = 50 000 € × 23% = 11 500 €
Valor pago a título de adiantamento = 61 500 € × 20% = 12 300 €
Valor do adiantamento líquido de IVA = 12 300 € / 1,21 = 10 000 €
IVA do adiantamento = 10 000 € × 23% = 2 300 €

b) Valor bruto da compra = 1000 × 15 € = 15 000 €
Desconto comercial incluído na fatura = 15 000 € × 2% = 300 €
Valor líquido da compra = 15 000 € – 300 € = 14 700 €
Valor do IVA = 14 700 € × 23% = 3381 €

c) Valor da prestação de serviços = 2500 €

Retenção de IRS = 2500 € × 20% = 500 €
Valor do IVA = 2500 € × 23% = 575 €
Valor do cheque = 2500 € – 500 € + 575 € = 2575 €

d) Valor pago do adiantamento = 22 140 €
Valor do adiantamento líquido de IVA = 22 140 € / 1,23 = 18 000 €
IVA do adiantamento =18 000 € × 23% = 4140 €

e) Valor da dívida em imparidade = 21 648 €
IVA (a recuperar) incluído na dívida = [21 648 € – (21 648 € / 1,23)] = 4048 €

f) Valor da fatura (operação 1) = 61 500 €
Valor pago do adiantamento = 12 300 €
Valor em dívida ao fornecedor = 61 500 € – 12 300 € = 49 200 €

g) Valor das mercadorias devolvidas = 7200 €
Valor do IVA a regularizar = 7200 € × 23% = 1656 €
Valor da nota de crédito = 7200 € + 1656 € = 8856 €

h) Valor pago = 1107 €
Valor do gasto com comunicações = 1107 € / 1,23 = 900 €
IVA dedutível = 900 € × 23% = 207 €

i) Valor da fatura = 73 800 €
Valor do mobiliário = 73 800 € / 1,23 = 60 000 €
IVA dedutível = 60 000 € × 23% = 13 800 €

2.

Valores em €

N.º	Descrição	Débito	*Valor*	Crédito	*Valor*	Notas
	Apuramento do IVA	2435	*225 603*	2432	*225 603*	
		2433	*248 381*	2435	*248 381*	
		2435	*4 048*	24341	*4 048*	
		24342	*8 096*	2435	*8 096*	
		2435	*28 000*	2437	*28 000*	
		2437	*1 174*	2435	*1 174*	

EXERCÍCIO 2.16

A sociedade ARTISTA, Lda., com sede em Coimbra, dedica-se à comercialização de raquetes de ténis. A empresa adota o sistema de inventário intermitente, enquadra-se no regime trimestral do IVA, sendo que as mercadorias transacionadas estão sujeitas a IVA à taxa normal (23%).

Do movimento acumulado no último trimestre, o balancete da conta *243 – Imposto sobre o Valor Acrescentado* apresentava a seguinte desagregação:

Valores em €

Contas	Saldo devedor	Saldo credor
243 Imposto sobre o Valor Acrescentado (IVA)		
2432 IVA – Dedutível	23 100	
2433 IVA – Liquidado		42 800
24341 IVA – Regularizações a favor da Empresa	2 800	
24342 IVA – Regularizações a favor do Estado		3 200
2437 IVA – A recuperar	10 450	
2438 IVA – Reembolsos pedidos	20 300	
Subtotais	**66 650**	**46 000**

Relativamente ao mês de dezembro de 2014, estavam por registar contabilisticamente as seguintes operações:

1. Fatura n.º 358, de Ambrósio Sousa, Lda., no valor de 1168,50 € (desconto comercial obtido de 5%), relativa à compra de 50 raquetes BB. Regularização do adiantamento anteriormente efetuado por transferência bancária, correspondente a 30% do valor das raquetes adquiridas (N/Nota de crédito n.º 22).
2. N/ fatura-recibo n.º 535 a Sodesporto, Lda., relativa à venda de 20 raquetes BB a 45 € cada. Foi concedido um desconto de pronto pagamento de 3%.
3. Devolução de 5 raquetes a Ambrósio Sousa, Lda., por se encontrarem com defeito (S/nota de crédito n.º 28 com IVA).
4. Aceite de uma letra a 60 dias a Ambrósio Sousa, Lda. pelo valor em dívida (V/Saque n.º 21).
5. Ainda não foi rececionada a fatura referente ao consumo da energia elétrica relativa ao mês de dezembro de 2014, mas estima-se que a mesma atinga o valor de 600 €.

PRETENDE-SE:

1. Efetue o registo contabilístico das referidas operações.
2. Apure e registe o IVA a pagar ou a recuperar referente ao último trimestre de 2014.

RESOLUÇÃO – EXERCÍCIO 2.16

Valores em €

N.º	Descrição	Débito	*Valor*	Crédito	*Valor*	Notas
1.	V/ Fatura n.º 358	311	*1 000,00*	318	*50,00*	a)
		2432	*218,50*	2211	*1 168,50*	
	Regularização do adiantamento	2211	*369,00*	228/391	*300,00*	
				24342	*69,00*	
2.	N/Fatura-Recibo n.º 535	11/12	*1 073,79*	711	*900,00*	b)
		682	*27,00*	2433	*200,79*	
3.	V/Nota de crédito n.º 28	2211	*116,85*	317	*95,00*	c)
				24342	*21,85*	
4.	V/ saque n.º 21	2211	*682,65*	2221	*682,65*	
5.	Eletricidade	6241	*600,00*	2722	*600,00*	

NOTAS:

a) Fatura n.º 358 1168,50
Valor sem Iva 950,00
Valor Bruto (S/Desconto Comercial) 1000,00
Alternativamente podíamos passar apenas pela conta 311.

b) Valor de venda (20 × 45€) 900,00
Desconto financeiro 3% 27,00
Valor líquido 873,00
IVA 23% 200,79

c) Devolução da compra (V/ nota de crédito n.º 28)
Valor de devolução (5 raquetes) 95,00
IVA 23% 21,85

EXERCÍCIO 2.17[17]

A sociedade Medic-Aid, Lda., tem sede em Coimbra e dedica-se à prestação de serviços médicos desde o ano N-3. Do seu quadro de pessoal destacam-se 2 especialistas e 3 jovens médicos licenciados em Medicina pela Faculdade de Medicina da Universidade de Coimbra.

Os serviços que a Medic-Aid presta estão isentos de IVA ao abrigo do art. 9.º, do CIVA.

Relativamente à sociedade Medic-Aid estão por registar as seguintes operações realizadas em dezembro de N:

1. Pagamento da renda da clínica, situada junto aos HUC em Coimbra, referente a janeiro de N+1. N/Cheque n.º 8976549, sobre o Banco MMS, no valor de 4250 € (IRC retido à taxa de 15%).
2. Processamento dos salários do mês de dezembro:

	Remunerações	Encargos (empresa + pessoal)			
		Segurança Social (Pessoal)	IRS	Sindicato	Encargos Sociais - Ent. Patronal
Gerente	7 000 €	10%	29,0%	—	21,25%
Administrativos	4 000 €	11%	8,5%	—	23,75%
Pessoal Especializado	89 000 €	11%	20,0%	1%	23,75%

4. Previsão para gastos com férias e subsídios de férias a pagar em N+1: tem por base os valores de gastos com o pessoal de dezembro de N, incluindo o Seguro de Acidentes de Trabalho (SAT) que tem um custo mensal de 2000 €. A empresa prevê para o ano de N+1, um aumento salarial de 2,5%.
5. Pagamento dos salários de dezembro, por transferência bancária.
6. Pagamento do prémio anual do seguro de incêndio, por transferência bancária, no valor de 552 €, relativo ao período de 1 de dezembro de N a 30 de novembro de N+1. Esta operação está isenta de IVA ao abrigo do art. 9.º do CIVA.
7. Recebimento de documento bancário, referente a um crédito na conta de Depósitos à ordem no valor de 230,4 €, relativos a juros de depósito a prazo

[17] Exercício adaptado de: Rodrigues, A., Carvalho, C., Cravo, D., Azevedo, G. (2015). SNC – Contabilidade Financeira: sua aplicação. Coimbra: Edições ALMEDINA.

do período de 01/12/N-1 a 30/11/N. A entidade bancária efetuou a respetiva retenção na fonte de acordo com o CIRC (taxa de 20%).

8. Foram disponibilizados aos sócios da Medic-Aid os resultados atribuídos na sua última assembleia geral (março de N) e reconhecidos na conta 264 – Resultados atribuídos, no valor de 75 000 €. Simultaneamente pagou-se aos trabalhadores os lucros e bónus atribuídos nessa mesma assembleia geral, que ascenderam a 25 000 €, obedecendo ao disposto nos contratos de trabalho de cada um deles, onde constava que estes tinham direito, em cada ano, a uma percentagem dos resultados do período.
9. Dado o elevado montante dispendido com os lucros distribuídos e pagos aos sócios e trabalhadores da Medic-Aid, a sociedade recorreu a um financiamento de curto prazo junto da entidade bancária onde é cliente. O montante do mútuo negociado foi de 80 000 €, a que se encontra associada uma taxa de juro anual de 7,95%. A amortização integral do empréstimo, bem como os juros do mesmo, vencem-se em 30 de maio do ano N+1, seis meses depois da sua aprovação e disponibilização. Para garantir esse empréstimo foi entregue uma Livrança em branco subscrita pela Medic-Aid e avalizada pelos seus sócios, juntamente com o contrato de preenchimento da mesma, para o caso da MEDIC-AID não vir a cumprir com a sua obrigação.
10. Fatura global da papelaria OXIPAPER, Lda. no valor de 861 €, relativa à aquisição de diverso material administrativo durante o mês de dezembro (IVA à taxa normal: 23%). Dado o montante materialmente irrelevante do material administrativo ainda não consumido, o TOC optou por considerar o mesmo como gasto do período de N.
11. Aquisição, em 31 de dezembro de N, ao laboratório Sempremed, Lda. de diverso material médico. Factura n.º 989, no valor de 10 600 € (IVA à taxa reduzida: 6%).

PRETENDE-SE:

Registo das operações descritas no mês de dezembro de N, à luz do SNC.

RESOLUÇÃO – EXERCÍCIO 2.17

Valores em €

N.º	Descrição	Débito	*Valor*	Crédito	*Valor*	Notas
1.	Pagamento da renda da clínica – janeiro N+1[18]	281	*5 000,00*	121	*4 250,00*	a)
				2422	*750,00*	
2.	Processamento das remunerações (órgãos sociais e pessoal)	631	*7 000,00*	2311	*4 270,00*	b)
		632	*93 000,00*	2312	*63 740,00*	
		635	*23 575,00*	2421	*20 170,00*	
				245	*34 505,00*	
				278x	*890,00*	
3.	Previsão com férias e subsídio de férias	631/632	*205 000,00*	2722	*255 378,75*	c)
		635	*48 328,75*			
		636	*2 050,00*			
4.	Pagamento dos salários	2311	*4 270,00*	12	*68 010,00*	
		2312	*63 740,00*			
5.	Pagamento do prémio de seguro de incêndio	6263	*46,00*	12	*552,00*	d)
		281	*506,00*			
6.	Recebimento de juros obtidos	12	*230,40*	7911	*264,00*	e)
		241	*57,60*	2721[19]	*24,00*	
7.	Disponibilização dos lucros aos sócios e pagamento das gratificações aos trabalhadores	264	*75 000,00*	265	*60 000,00*	f)
		2722	*25 000,00*	2422	*20 000,00*	
				12	*20.000,00*	
8.	Registo do financiamento obtido	12	*80 000,00*	2511	*80 000,00*	g)
	Reconhecimento dos juros a imputar ao exercício de N	6911	*530,00*	2722	*530,00*	
9.	Aquisição de diverso material administrativo	6233	*847,00*	221	*847,00*	h)
10.	Compra de diverso material médico	281	*10 600,00*	221	*10 600,00*	i)

[18] Em janeiro de N+1 importava fazer o seguinte registo:
6261 – FSE – Serviços Diversos – Rendas e Alugueres 5000 €
a 281 – Diferimentos – Gastos a Reconhecer 5000 €.

[19] Admite-se que em N-1 a empresa procedeu, corretamente, ao acréscimo do juro correspondente a dezembro de N-1. Caso contrário, o crédito não seria na conta 2721 – Devedores por acréscimos de rendimentos, mas antes na conta 7881 – ORG – Outros – Correções relativas a períodos anteriores, por se tratar de uma correção cujo valor não é materialmente relevante (se, porventura, o valor em causa fosse materialmente relevante, a correção do erro seria reconhecida a crédito da conta 56 – Resultados transitados).

NOTAS:

a) Renda = 5000 € (= 4250 € / 0,85)
Retenção de IRC à taxa de 15% = 5000 × 15% = 750 €, que a entidade deve entregar à Administração Fiscal em substituição do locador.
Pagamento ao senhorio = 4250 €

b)

Valores em €

	Remunerações Brutas	Encargos (entidade + pessoal)				Remunerações Líquidas
		Segurança Social	IRS	Sindicato	TSU da entidade	
Gerente	7 000	700	2 030	—	1 487,5	4 270
Administrativos	4 000	440	340	—	950,0	3 220
Pessoal Especializado	89 000	9 790	17 800	890	21 137,5	60 520
Total	100 000	10 930	20 170	890	23 575,0	68 010

c) Remunerações = 100 000 × 2 × 1,025 = 205 000 €
Encargos = 23 575 × 2 × 1,025 = 48 328,75 €
SAT = 2000 € × 1,025 = 2050 €

d) Mensualização dos gastos com o prémio de seguro = 552 € /12 = 46 €
Gastos a reconhecer em N = 46 € (do mês de dezembro apenas)
Gastos a reconhecer em N+1 = 506 € (= 46 € × 11)

e) Juros brutos = 230,4 / (1 – 0,2) = 288 €
IRC retido = 288 – 230,4 = 57,6 €
Juros de N = 288/12 × 11 = 264 €

f) Resultados Atribuídos = 75 000 €
Retenção na fonte de IRS = 20% × 75 000 € = 15 000 €
Lucros disponíveis = 75 000 € – 15 000 € = 60 000 €
Resultados distribuídos aos trabalhadores = 25 000 €
Retenção na fonte de IRS = 20% × 25 000 € = 5000 €
Resultados distribuídos aos trabalhadores = 20 000 €

g) Juros do empréstimo = 80 000 × 7,95% = 6360 €
Mensualização dos juros do empréstimo = 6360/12 = 530 €
Juros a imputar ao período de N (dez.) = 530 €

h) Desenvolvendo a empresa uma atividade isenta de IVA, nos termos do art. 9.º do CIVA, a entidade não tem o direito à dedução do IVA nas suas aquisições (cf. art. 20.º do CIVA). Assim, o IVA será acrescido ao custo de aquisição dos bens e serviços adquiridos, como acontece com a compra do material administrativo.

i) Uma vez que este material foi adquirido no último dia de dezembro e, como tal, não terá sido consumido em N, esta aquisição deve ser reconhecida na íntegra como gasto a reconhecer em N+1, incluindo o IVA por ser não dedutível.

EXERCÍCIO 2.18[20]

A sociedade PAP'AÇORDA, Lda. tem a sua sede e principal espaço comercial em Coimbra. Dedica-se à comercialização de bens alimentares regionais de várias partes do mundo, com uma incidência muito particular nos produtos regionais do Alentejo.

É um sujeito passivo de IVA à taxa reduzida (6%), dada a natureza dos produtos que comercializa.

Durante o mês de dezembro do ano N realizou, entre outras, as seguintes operações:

1. A empresa iniciou, em 1 de dezembro do ano N, uma campanha publicitária num canal de televisão com grande share, que se estenderá por um período de 6 meses. De acordo com as condições contratuais, a agência de publicidade emitirá a respetiva fatura, no valor total de 112 530 € (IVA incluído à taxa de 21%) durante o mês de janeiro de N+1.
2. Recebimento, em cheque, da renda do mês de janeiro de N+1, relativo à loja que arrendámos em junho último, junto do Portugal dos Pequeninos. Foi efetuada a respetiva retenção (à taxa de 15%), tal como previsto no art. 101.º do CIRS. O valor da renda é de 1500 €.
3. Liquidação da fatura do fornecedor inglês, que havia provido a rede de frio da loja e que ascendia a 21 250 €, ao câmbio da data da operação. Todavia, o CC defronta-se com uma dúvida no momento de proceder ao registo desse pagamento, pois o câmbio do euro/libra tinha-se alterado de 1 € = 0,85 £ para 1 € = 0,90 £, e ele não tem a certeza se deve aplicar nesse registo o disposto na NCRF 23.
4. À data do relato, a Pap'açorda verificou que o seu fornecedor Zé Andorinha – Unipessoal, Lda. não entregou as mercadorias encomendadas, e para as quais tinha entregue um cheque de 10 000 € a título de sinal. Estabeleceu ao longo dos últimos 6 meses vários contactos, não conseguindo, apesar disso, obter quaisquer garantias de que a encomenda seria satisfeita. Também as informações que conseguiu obter junto da Banca, sobre a situação financeira do fornecedor, conduzem à confirmação das dificuldades financeiras que o seu fornecedor está a atravessar.

---

[20] Exercício adaptado de: Rodrigues, A., Carvalho, C., Cravo, D., Azevedo, G. (2015). SNC – Contabilidade Financeira: sua aplicação. Coimbra: Edições ALMEDINA.

5. O Sr. António Melro, empregado da entidade desde a sua criação, pediu um adiantamento de 800 € por conta do seu vencimento de janeiro, porque estava a atravessar graves dificuldades financeiras. A gerência anuiu a esse pedido, dado o bom desempenho sempre alcançado pelo Sr. Melro.
6. A entidade liquidou a última prestação dos pagamentos por conta do IRC, no valor de 7500 €.
7. Em reunião extraordinária da assembleia geral, foi decidido pelos seus quatro sócios que iriam emprestar à sociedade, por um ano, 10 000 €/cada. Foi acordado que o referido empréstimo seria a título gratuito. Os sócios entregaram hoje os seus cheques pessoais, dando assim cumprimento à deliberação da Assembleia geral.
8. Ainda nessa mesma reunião foi decido, por unanimidade, proceder ao aumento do capital, através do aumento do valor de cada uma das quotas subscritas, de 15 000 € para 30 000 €, comprometendo-se o universo dos sócios a entregar imediatamente 60% do aumento de capital aprovado e subscrito.
9. A Pap'açorda alienou a crédito ao Sr. Joaquim Cacau, no decurso deste mês, uma das suas viaturas ligeiras de passageiros, que era normalmente utilizada pelo Sr. Manuel Sombra, vendedor da entidade. Essa viatura havia sido adquirida em N-3 e estava depreciada em 60%, do seu valor de aquisição que havia sido de 30 000 €. O valor de alienação foi de 15 000 €.

PRETENDE-SE:

Registo das operações relativas ao mês de dezembro do ano N, à luz do SNC.

RESOLUÇÃO – EXERCÍCIO 2.18

Valores em €

N.º	Descrição	Débito	Valor	Crédito	Valor	Notas
1.	Campanha publicitária semestral	6222	*15 500,00*	2722	*15 500,00*	a)
2.	Reconhecimento do recebimento da renda	12	*1 275,00*	282	*1 500,00*	b)
		241	*225,00*			
3.	Liquidação da dívida e reconhecimento das diferenças de câmbio favoráveis	221	*21 250,00*	12	*20 069,44*	c)
				7887	*1 180,56*	
4.	Reconhecimento de perdas por imparidade	6512	*10 000,00*	229	*10 000,00*	
5.	Reconhecimento de adiantamentos ao pessoal	2322	*800,00*	12	*800,00*	
6.	Liquidação parcial do pagamento por conta	241x	*7 500,00*	12	*7 500,00*	
7.	Reconhecimento dos suprimentos realizados pelos sócios	12	*40 000,00*	2532	*40 000,00*	
8.	Reconhecimento do aumento capital	262	*60 000,00*	51	*60 000,00*	
	Realização parcial das novas entradas	12	*36 000,00*	262	*36 000,00*	
9.	Desreconhecimento do ativo fixo tangível	7871	*30 000,00*	434	*30 000,00*	d)
	Desreconhecimento das depreciações acumuladas	438	*18 000,00*	7871	*18 000,00*	
	Dívida a receber da alienação do ativo fixo tangível	278	*15 000,00*	7871	*15 000,00*	

NOTAS:

a) Como não existe em N documento comprovativo da despesa da campanha publicitária, dado que a fatura apenas será emitida em N+1, é necessário, à data do balanço de N, acrescer o gasto deste período, ou seja, 15 500 €. No ano seguinte, aquando do registo da fatura, desreconhece-se este acréscimo de gastos por contrapartida da conta do passivo e/ou depósitos à ordem, sendo igualmente naquela data que se procederá à dedução do correspondente IVA da operação.
Valor da campanha = 112 530 € / 1,21 = 93 000 €
Imputação de gastos ao ano N (1 mês) = 93 000 € / 6 meses = 15 500 €
Gastos a reconhecer em N+1 = 93 000 € – 15 500 € = 77 500 €

b) Valor da renda = 1500 €
Valor da retenção de IRC = 1500 € × 15% = 225 €
Valor recebido = 1500 € – 225 € = 1275 €

c) Valor da dívida em Libras = 21 250 € × 0,85 £ = 18 062,5 £ Valor escriturado da dívida em Euros = 21 250 €
Valor da dívida em Euros na data da liquidação = 18 062,5 £ /0,90 = 20 069,44 €
Diferença de câmbio favorável = 21 250 € – 20 069,44 € = 1180,56 €

d) Valor das depreciações acumuladas em N = 60% × 30 000 € = 18 000 €
Valor escriturado em 31/12/N = 30 000 € – 18 000 € = 12 000 €
Valor de venda = 15 000 €.
Mais-valia = Preço de venda – (Custo de aquisição – Depreciações acumuladas – Imparidades acumuladas) = 15 000 € – (30 000 € – 18 000 €) = 3000 €.

EXERCÍCIO 2.19

A sociedade FELICIDADE, S.A., com sede em Viseu, dedica-se à comercialização de instrumentos musicais e é sujeito passivo de IVA à taxa normal (23%). Durante o mês de setembro de um dado ano, ocorreram as seguintes operações:

1. Venda a 30 dias de 6 trombones de vara, no valor de 350 € cada. N/ fatura n.º 8976 para a Escola de Música DÓRÉMI, incluindo um desconto comercial de 3%.
2. Compra, a pronto pagamento com cheque, de 5 trompetes. Fatura-recibo n.º 56321 do fornecedor SOM AGUDO, Lda., no valor de 1168,5€, incluindo um desconto de pronto pagamento de 5%.
3. Envio da nota de débito n.º 23 no valor de 123 €, à Escola de Música DÓRÉMI, por despesas de transporte não incluídas na n/ fatura n.º 8976.
4. Compra a crédito ao fornecedor holandês VAN POLLEN, de duas baterias no valor de 500 € cada. S/ fatura n.º ND4567.
5. Devolução ao fornecedor SOM AGUDO, Lda. de 1 trompete, por se encontrar com defeito. S/ Nota de Crédito n.º 980.
6. N/ fatura n.º 8977, a 60 dias, no valor de 3444 € para a Orquestra Clássica de Viseu, relativa à venda de 10 clarinetes. Este cliente tinha procedido a um adiantamento no ato da encomenda no valor de 20% deste fornecimento.

PRETENDE-SE:

1. Registo em diário das operações descritas.
2. Considerando o seguinte extrato do balancete relativo à conta 243 – Imposto sobre o Valor Acrescentado, proceda ao apuramento do IVA do 3.º trimestre do ano em apreço.

Valores em €

Contas	Saldo devedor	Saldo credor
2432 – IVA Dedutível	56 670	
2433 – IVA Liquidado		65 952
24341 – IVA Regularizações (favor do sujeito passivo)	1 230	
24342 – IVA Regularizações (favor do Estado)		1 560
2437 – IVA a Recuperar	653	
2438 – IVA reembolsos pedidos	8 741	

EXERCÍCIO 2.20

A sociedade Preciosidade, S.A. dedica-se à comercialização de artigos de relojoaria e joalharia de luxo, nomeadamente artigos importados, que vende a ourivesarias em Portugal. Tem a sua sede em Lisboa e é sujeito passivo de IVA à taxa de 23%. Utiliza o *sistema de inventário permanente*.

Durante o mês de janeiro de um dado ano N, a entidade realizou, entre outras, as seguintes operações:

1. Compra de 5 pulseiras modelo "La Belle", ao fornecedor francês GHU, no valor de 700 € cada. Como prémio de fidelização, foi obtido um desconto comercial de 5%. Fatura n.º 564FR/N. A PRECIOSIDADE, S.A. pagou a uma seguradora portuguesa 180 € pelo seguro de transporte destas mercadorias (fatura-recibo n.º 20/N).
2. Venda de 3 colares brasileiros modelo "Fantasia", à ourivesaria Solário localizada em Lisboa, tendo sido concedido um desconto de pronto pagamento de 2%. N/ Fatura-recibo n.º 46/N, no valor de 3073,77 €. Cada um desses colares custou à PRECIOSIDADE, S.A. 550 €.
3. A ourivesaria Solário devolveu um dos colares por se encontrar com defeito. N/ nota de crédito n.º 3/N.
4. Pagamento do seguro multirriscos anual do escritório da empresa, o valor de 3000 €, válido de 1 de fevereiro de N a 31 de janeiro de N+1.
5. A ourivesaria Tesouro, localizada em Leiria, solicitou a reforma do N/ saque n.º 21, já descontado no Banco FFF, cujo valor nominal era de 3200 € nas seguintes condições:
   - Amortização de 50% (envio de cheque)

- Nova letra a 90 dias pelo restante, incluindo ainda encargos de desconto estimados em 150 €

6. A Preciosidade, S.A. tem um empréstimo obtido junto do Banco CCC, que vence prestações semestrais. A 30 de janeiro de N pagou uma prestação de 5000 €, acrescidos de juros. O capital em dívida antes dessa prestação era de 45 000 € e a taxa de juro de 3% ao ano.

PRETENDE-SE:

1. Proceda ao registo em diário das operações indicadas.
2. Proceda ao apuramento do IVA relativo ao mês de janeiro, considerando a seguinte informação retirada do balancete analítico das contas de IVA:

Valores em €

Conta	Saldo devedor	Saldo credor
2432 - IVA dedutível	66 340	
2433 - IVA liquidado		72 890
2434 - IVA regularizações	3 375	1 568
2437 - IVA a recuperar	1 854	
2438 - IVA reembolsos pedidos	28 630	

EXERCÍCIO 2.21[21]

Em 31 de dezembro do ano N a empresa RENACAR, Lda. processou as suas remunerações mensais nos seguintes montantes:

Órgãos sociais: 10 000 €;
Pessoal: 100 000 €.

As contribuições para a Segurança Social a efetuar pela empresa foram determinadas por aplicação das taxas de 21,25% e 23,75% às remunerações dos órgãos sociais e do pessoal, respetivamente. O Seguro de Acidentes de Trabalho é de 3,25% das remunerações.

[21] Exercício adaptado de: Rodrigues, A., Carvalho, C., Cravo, D., Azevedo, G. (2015). SNC – Contabilidade Financeira: sua aplicação. Coimbra: Edições ALMEDINA.

A empresa procedeu aos seguintes descontos ao pessoal:

Segurança social:
- Órgãos sociais: 10%
- Pessoal: 11%

IRS (taxas médias):
- Órgãos sociais: 20%
- Pessoal: 7%

Simultaneamente, procedeu à previsão para gastos com férias e subsídios de férias a pagar em N+1.

PRETENDE-SE:

1. Contabilize o processamento e o pagamento das remunerações de dezembro de N.
2. Contabilize a estimativa dos encargos com férias a pagar em N+1, sabendo que a mesma foi efetuada com base nos valores de dezembro de N, acrescidos de 2%.
3. Contabilize o processamento e pagamento dos encargos com férias em N+1, admitindo:
   i. Que os mesmos foram superiores aos valores referentes a dezembro de N, em 3%.
   ii. Que os mesmos foram iguais aos valores referentes a dezembro de N.

EXERCÍCIO 2.22

A sociedade DELTA, S.A. dedica-se à comercialização de materiais para construção civil, sendo sujeito passivo de IVA à taxa normal. Durante o mês de dezembro do ano N realizou, entre outras, as seguintes operações:

1. Compra de 20 000 € de mercadoria a Sousa & Silva, Lda.. Metade da dívida foi paga a pronto, tendo sido a outra metade titulada por letra.

2. Aviso-recibo n.º 452 da companhia de seguros relativo à anuidade do seguro de responsabilidade civil do armazém, com início em 1 de dezembro do ano N. Valor do seguro: 7380 € (isento de IVA ao abrigo do art. 9.º do CIVA). Pagamento nesta data, por transferência bancária.
3. A empresa iniciou em 1 de dezembro do ano N, uma campanha publicitária que se estenderá por um período de 3 meses. De acordo com as condições contratuais, a agência de publicidade emitirá a respetiva fatura, no valor total de 45 000 € (IVA incluído) durante o mês de janeiro de N+1.
4. Gastos previstos com subsídios de férias a pagar no ano N+1: as remunerações brutas ascendem em N a 30 000 €, sobre as quais incidem encargos sociais médios de 25%, prevendo a empresa um aumento salarial de 2,5% no ano N+1.
5. Recebimento, em cheque, da renda do mês de janeiro de N+1, relativo ao nosso imóvel sito na Rua das Rosas. Foi efetuada a respetiva retenção (à taxa de 15%), tal como previsto no art. 101º do CIRC. Valor da renda: 1500 €. Isento de IVA ao abrigo do art. 9º CIVA.
6. Aviso de lançamento n.º 488 do BPI, relativo ao recebimento de um subsídio do Estado de 100 000 € para financiamento de 40% de um equipamento básico adquirido em abril de N, cujo período de vida útil estimado é de 8 anos.
7. Constituição de uma provisão para processo judicial em curso no valor de 1000 €.
8. Processamento e pagamento das remunerações, tendo em conta a informação seguinte:

	Órgãos sociais	Pessoal
Remunerações base	45 000 €	125 000 €
Retenções na fonte de IRS	11 250 €	15 000 €
TSU:		
Por conta dos beneficiários	9,30%	11,00%
Por conta da entidade patronal	20,30%	23,75%

PRETENDE-SE:

Efetue os registos contabilísticos das operações realizadas em dezembro de N.

EXERCÍCIO 2.23

Relativamente à sociedade LINHOS & OUTROS, S.A., armazenista comerciante de atoalhados e outros têxteis para o lar, registe as seguintes operações no razão, que ocorreram no segundo trimestre de um dado ano N (considere IVA à taxa de 23%):

1. Compra ao fornecedor AAA, S.A. de 1500 conjuntos de lençóis de algodão para cama de casal, referência XGT, a 20€ cada. Fatura n.º 146/N, a 60 dias, incluindo um desconto comercial de 5%. O fornecedor acrescentou à fatura 150 € para cobertura de despesas de transporte.
2. A Linhos & Outros, S.A. tinha, no ato da encomenda, efetuado um adiantamento por conta da mercadoria fornecida e faturada na Fatura n.º 146/N, no valor de 5000 €.
3. Venda a pronto pagamento, ao cliente GTY, Lda., de 100 conjuntos de casa de banho. Fatura-recibo n.º 678/N, no valor de 1992,60 €, incluindo um desconto financeiro de 10%.
4. O cliente GTY, Lda. tinha efetuado um pagamento em excesso numa transação anterior, no valor de 400 €, o qual foi considerado para acerto de contas no recebimento da Fatura-recibo n.º 678/N.
5. Compra de um lote de 5000 panos de cozinha ao fornecedor JJJ, Lda., a 2 € cada. Fatura n.º 9023/N. Conforme previamente acordado, a Linhos & Outros, S.A. pagou de imediato, pro cheque, metade desta fatura, tendo aceitado uma letra a 90 dias pelo restante (Aceite n.º 3/N).
6. Venda, a 60 dias, ao cliente PITH, Lda., de 200 conjuntos de toalhas de guardanapos de cozinha, a 12 €/cada. Fatura n.º 1961/N.
7. No prazo do vencimento da Fatura n.º 1961/N, o cliente PITH, Lda. informou a Linhos & Outros, S.A. que não poderia pagar, propondo-se aceitar uma letra a 90 dias pelo montante em dívida. A sua proposta foi aceite, tendo a Linhos&Outros, S.A. procedido à emissão da letra (Saque n.º 5/N), a qual foi descontada alguns dias depois no Banco BBB, que cobrou despesas de 120 €.
8. A dois dias do vencimento, a Linhos & Outros, S.A. solicitou a reforma do Aceite n.º 3/N, com pagamento por cheque de 60% do valor da letra anterior e aceitando uma nova letra (Aceite n.º 4/N) a 30 dias, pelo restante. Os encargos de 80 € foram debitados à parte pelo fornecedor, não sendo incluídos na nova letra.

9. A uns dias do vencimento, o cliente PITH solicita a reforma do Saque n.º 5/N, enviando um cheque para pagar 30% do valor da letra anterior e solicitando novo saque (Saque n.º 6/N) a 60 dias, pelo valor restante, acrescido de encargos no valor de 105 €. Esta letra foi de novo apresentada a desconto no Banco BBB alguns dias depois.
10. Aproximando-se a data de vencimento do Saque n.º 6/N o cliente PITH não comparece para o seu pagamento ou reforma, e o banco BBB procedeu ao recâmbio, cobrando despesas de 10 €. A Linhos & Outros, S.A. tenta, entretanto, contatar por vários meios com o sócio-gerente da PITH, sem sucesso, sendo que num último contato foi informada que aquele se encontrava fora do país. Alguns contatos nos bancos com que a Linhos & Outros, S.A. trabalha, informaram que a condição de sérias dificuldades do cliente PITH é conhecida, pelo que a probabilidade de recuperar a dívida é remota.
11. A Linhos & Outros, S.A. resolveu, entretanto, enviar o Saque n.º 6/N para protesto, dado que tinha inscrito no seu verso a expressão «Com despesas», que ascenderam a 30 €.
12. O Tribunal da Comarca de CidadeViva declarou a insolvência do cliente EFT, Lda., que devia à Linhos & Outros, S.A. uma fatura no valor de 2570,70 €. Dado o período de tempo durante o qual o processo se arrastou, esta dívida já tinha sido considerada na totalidade de cobrança duvidosa.

PRETENDE-SE:

Efetue os registos contabilísticos das operações realizadas no segundo trimestre de N.

INVENTÁRIOS E ATIVOS BIOLÓGICOS

EXERCÍCIO 2.24

A Sociedade C, Lda., sujeito passivo de IVA á taxa normal, apresentava em 2/1/N as seguintes existências de **mercadoria M**:

Quantidades:	172
Preço unitário:	30 €
Valor:	5160 €

Entretanto, durante a 1.ª quinzena de janeiro do referido período económico, efetuou as seguintes operações:

Dia 3

— Compra à Sociedade Novena, Lda., de 120 unidades da mercadoria M ao preço unitário de 31€. IVA à taxa normal. Fatura n.º 32/N, com pagamento a 60 dias.

— Entrada em armazém das mercadorias compradas nesta data (Guia de entrada n.º 1/N).

Dia 4

— Venda à Sociedade Junova, Lda., 170 unidades da mercadoria M ao preço de venda unitário de 44 €. Concede um desconto comercial de 3% (Fatura n.º 1/N).

— Saída de armazém das mercadorias vendidas nesta data (Guia de saída n.º 1/N).

Dia 6

— Devolução da Sociedade Junova, Lda. de 10 unidades de mercadoria M, por se encontrarem em mau estado. Guia de entrada em armazém n.º 2/N.

Dia 10

— Compra à Sociedade Sencor, SA., 210 unidades da mercadoria M ao preço unitário de 32 €. IVA à taxa normal. Fatura n.º 156/N, com pagamento a 30 dias.

Dia 11

— Pagamento, em cheque, das despesas de seguro das mercadorias adquiridas no dia 10 – 2250 €. Fatura-recibo da seguradora XPTP.

Dia 12

— Nota de crédito da Sociedade Sencor, SA. relativa ao desconto comercial de 5% que por lapso não havia sido incluído na fatura.

— Guia de entrada em armazém (n.º 3/N) da compra do dia 10.

Dia 13

— Ao conferir as mercadorias adquiridas à Sociedade Sencor, SA., verificou-se que 10 estavam deterioradas, pelo que se procedeu à sua devolução. Guia de saída n.º 2/N.

Dia 14

— Venda a p.p. à Sociedade Plater, Lda. de 50 unidades de mercadorias M, ao preço de venda unitário de 50 €, pelo que concedeu um desconto de p.p. de 5% – fatura-recibo n.º 1/N. Guia de saída n.º 3/N.

Dia 15

— Acidentalmente inutilizaram-se 5 unidades da mercadoria M.

PRETENDE-SE:

1. Elabore a Ficha de Inventário, utilizando como fórmula de custeio dos inventários o *Custo Médio Ponderado (CMP)*.
2. Elabore a Ficha de Inventário, utilizando como fórmula de custeio dos inventários o *FIFO*.
3. Efetue os lançamentos utilizando o Sistema de Inventário Permanente – SIP (considere os valores do custeio pelo custo médio ponderado) e apure o RBV (Resultado Bruto das Vendas) relativo à 1.ª quinzena do mês.
4. Admitindo que, por contagem física, a empresa tinha apurado, no final da quinzena, uma existência final de 277 unidades da mercadoria M em armazém, calcule e registe o Custo das Mercadorias Vendidas em SII, considerando os valores do custeio pelo CMP.

RESOLUÇÃO – EXERCÍCIO 2.24

1. Ficha de inventário utilizando como fórmula de custeio dos inventários o *Custo Médio Ponderado (CMP).*

Valores em €

Dia	Descrição	Entradas			Saídas			Inventário		
		Q.	C.U.	V.	Q.	C.U.	V.	Q.	C.U.	V.
	Saldo inicial							172	30,00	5 160,00
3	Compra à Novena	120	31,00	3 720,00				292	30,41	8 880,00
4	Venda à Junova				170	30,41	5 169,86	122	30,41	3 710,14
6	Devolução de Junova	10	30,41	304,11				132	30,41	4 014,25
12	Compra à Sencor	210	41,11	8 634,00				342	36,98	12 648,25
13	Devolução à Sencor				10	30,40	304,00	332	37,18	12 344,25
14	Venda à Plater, Lda				50	37,18	1 859,07	282	37,18	10 485,17
15	Quebras				5	37,18	185,91	277	37,18	10 299,27
							Existência final	277	37,18	10 299,27

2. Ficha de inventário utilizando como fórmula de custeio dos inventários o *First In First Out (FIFO).*

Valores em €

Dia	Descrição	Entradas				Saídas				Inventários			
		Lote	Q.	C.U.	V.	Lote	Q.	C.U.	V.	Lote	Q.	C.U.	V.
	Saldo inicial									1	172	30,00	5 160,00
3	Compra à Novena	2	120	31,00	3 720,00					1	172	30,00	5 160,00
										2	120	31,00	3 720,00
4	Venda à Junova					1	170	30,00	5 100,00	1	2	30,00	60,00
										2	120	31,00	3 720,00
6	Devolução de Junova	1	10	30,00	300,00					1	12	30,00	360,00
										2	120	31,00	3 720,00
12	Compra à Sencor	3	210	41,11	8 634,00					1	12	30,00	360,00
										2	120	31,00	3 720,00
										3	210	41,11	8 634,00
13	Devolução à Sencor					3	10	30,40	304,00	1	12	30,00	360,00
										2	120	31,00	3 720,00
										3	200	41,65	8 330,00
14	Venda à Plater, Lda					1	12	30,00	360,00	2	82	31,00	2 542,00
						2	38	31,00	1 178,00	3	200	41,65	8 330,00
15	Quebras					2	5	31,00	155,00	2	77	31,00	2 387,00
										3	200	41,65	8 330,00
									Existência Final	2	77	31	2387
										3	200	41,65	8330

3. Registos contabilísticos e apuramento do RBV.

Valores em €

Dia	Descrição	Débito	Valor	Crédito	Valor	Notas
3.	Compra a crédito de mercadoria	311	*3 720,00*	2211	*4 575,60*	
		2432	*855,60*			
	Entrada em armazém	32		311	*3 720,00*	
4.	Venda de mercadorias c/ desconto comercial	2111	*8 924,39*	711	*7 255,60*	
				2433	*1 668,79*	
	Saída de armazém (CMV)	611	*5 169,86*	32	*5 169,86*	
6.	Devolução da venda	717	*426,80*	2111	*524,96*	
		24341	*98,16*			
	Entrada em armazém (correção CMV)	32	*304,11*	611	*304,11*	
10.	Compra a crédito de mercadoria	311	*6 720,00*	2211	*8 265,60*	
		2432	*1 545,60*			
11.	Despesas de seguro	311	*2 250,00*	12	*2 250,00*	
12.	Desconto comercial obtido	2211	*413,28*	318	*336,00*	
				24342	*77,28*	
	Entrada em armazém pelo custo de aquisição	32	*8 634,00*	311	*8 970,00*	
		318	*336,00*			
13.	Devolução de compra	2211	*373,92*	317	*304,00*	
				24342	*69,92*	
	Saída de amazém	317	*304,00*	32	*304,00*	
14.	Venda de mercadorias c/ desconto financeiro	682	*125,00*	711	*2 500,00*	
		2111	*2 921,25*	2433	*546,25*	
	Recebimento	11/12	*2 921,25*	2111	*2 921,25*	
	Saída de armazém (CMV)	611	*1 859,07*	32	*1 859,07*	
15.	Quebra	6842	*185,91*	382	*185,91*	
	Saída de armazém	382	*185,91*	32	*185,91*	

Apuramento do Resultado Bruto das Vendas (RBV) relativo à 1.ª quinzena do mês:

Resultado Bruto das Vendas = Vendas Líquidas – CMV	
Vendas Líquidas	9 328,8
CMV	(6 724,7)
RBV	**2 640,1**

4. Apuramento do CMV em SII (considerando o CMP).

CMV = EI + Compras Líquidas + – Reg Inventários – Ef

CMP no final do período = (Si + Compras líquidas) / (QSi + QCompras líquidas)
= (5160 + 12 050) / (172 + (120 + 210 – 10))
= 17 210/492
= 34,98

Dado que:
Ei = 5160
Compras líquidas = 12 050
Regularização de Inventários = 5 * 34,98 = 174,90
Ef = 277 * 34,98 = 9689,37

Então:
CMV = 7345,7

O RBV em SII, considerando o CMP, é dado por:

Resultado Bruto das Vendas = Vendas Líquidas – CMV	
Vendas Líquidas	9 328,8
CMV	(7 345,7)
RBV	**1 983,1**

EXERCÍCIO 2.25[22]

A empresa FERROTUBOS, S.A. dedica-se à produção de mobiliário de escritório. Em dezembro de N iniciou a importação de tampos metálicos de dois tipos:

— Tampos galvanizados – matéria-prima que será incorporada na produção das mesas;

[22] Exercício adaptado de: Rodrigues, A., Carvalho, C., Cravo, D., Azevedo, G. (2015). SNC – Contabilidade Financeira: sua aplicação. Coimbra: Edições ALMEDINA.

— Tampos pré-lacados – mercadoria para ser comercializada junto de outros fabricantes.

Sabe-se ainda que, na movimentação das existências a empresa adota o Sistema de Inventário Intermitente e o método de custeio FIFO. Todas as operações são sujeitas a IVA à taxa de 23%.

O movimento de tampos pré-lacados, durante o mês de dezembro, foi o seguinte:

Dia 1

— compra a pronto pagamento, com cheque, de 500 tampos ao custo unitário de 3,05 €, com desconto financeiro de 5%.

Dia 6

— Na armazenagem dos tampos adquiridos, cinco caíram ao chão e ficaram destruídos.

Dia 15

— Venda a prazo de 370 tampos, com um desconto comercial de 8%.

Dia 22

— Compra a crédito de 300 tampos, ao custo unitário de 3,25 €, com 10% de desconto comercial. A fatura inclui despesas de transporte de 25 €.

Dia 23

— Dos tampos vendidos cinquenta foram devolvidos, atendendo a que o cliente só havia encomendado 300 unidades.

Dia 27

— Venda a pronto de 150 tampos, tendo sido concedido desconto de 3% de pronto pagamento.

O preço de venda praticado pela empresa aos tampos pré-lacados é de 4,25 €.

Em 31 de dezembro o valor realizável líquido dos tampos pré-lacados era de 2,75 €. A conta de Perdas por Imparidade Acumulada apresentava um saldo de 113,50 €.

PRETENDE-SE:

1. Os lançamentos das operações relacionadas com os tampos pré-lacados;
2. O cálculo do valor da Existência final de tampos pré-lacados e do correspondente Custo das Mercadorias Vendidas, efetuando os respetivos lançamentos;
3. A regularização da conta de Perdas por Imparidade Acumulada.

RESOLUÇÃO – EXERCÍCIO 2.25

1. Registos contabilísticos:

Valores em €

Dia	Descrição	Débito	Valor	Crédito	Valor	Notas
1.	Compra (importação) a pronto pagamento	311	*1 525,00*	782	*76,25*	
				2211	*1 448,75*	
	Pagamento ao fornecedor	2211	*1 448,75*	12	*1 448,75*	
	Pagamento do IVA na alfândega	2432	*333,21*	12	*333,21*	
6.	Quebra de mercadoria	6842	*15,25*	382	*15,25*	
15.	Venda a crédito	2111	*1 779,41*	711	*1 446,70*	
				2433	*332,74*	
22.	Compra (importação) a crédito	311	*902,50*	2211	*902,50*	a)
	Pagamento do IVA na alfândega	2432	*207,58*	12	*207,58*	
23.	Devolução de vendas	717	*195,50*	2111	*240,47*	b)
		24341	*44,97*			
27.	Venda a pronto pagamento	682	*19,13*	711	*637,50*	
		2111	*760,60*	2433	*142,23*	
	Recebimento do cliente	11/12	*760,60*	2111	*760,60*	

NOTAS:

a) Desconto comercial unitário = 3,25€ × 10% = 0,325 €
Valor da compra = (2,925 € × 300) + 25€ = 902,50 €
Valor do IVA = 902,50 € × 23% = 207,58 €

b) Valor de venda unitário (op. Dia 15) = 1446,70 € / 370 = 3,91 €
Devolução de vendas = 3,91 € × 50 = 195,50 €
Valor do IVA = 195,50 € × 23% = 44,97 €

2. Cálculo da Ef e do CMV dos tampos pré-lacados, incluindo registo.

Valor da existência final = (300 × 3,01 €) + (25 × 3,05 €) = 978,75 €

Apuramento do Custo das Mercadorias Vendidas e das Matérias Consumidas (CMVMC):

CMVMC = inv. inicial + compras +/– reg. inv. – inv. final
CMVMC = 0 + (1525,00 + 902,50) – 15,25 – 978,75 = 1433,50 €

Valores em €

Descrição	Débito	*Valor*	Crédito	*Valor*	Notas
Pela transferência das compras para mercadorias	32	*2 427,50*	311	*2 427,50*	
Pela transferência das regularizações para mercadorias	382	*15,25*	32	*15,25*	
Pelo apuramento do CMVMC	611	*1 433,50*	32	*1 433,50*	

3. Regularizações das PI.

Valores em €

Descrição	Débito	*Valor*	Crédito	*Valor*	Notas
Reversão da perda por imparidade	329	*28,50*	7622	*28,50*	c)

NOTAS:

c)

Valor realizável líquido	(2,75 € × 325)	893,75 €
Valor contabilístico a 31/12		–978,75 €
	Perda de valor	–85,00 €
Perda por Imparidade reconhecida		113,50 €
Perda por Imparidade a 31/12		–85,00 €
	Reversão	28,50 €

EXERCÍCIO 2.26

A sociedade FEUCLUSA, Lda., sujeito passivo de IVA à taxa reduzida, cria animais para abate, além de cultivar laranjas e limões para venda.

Relativamente aos animais para abate, ocorreram, no ano 2016, as seguintes operações (valores sem IVA):

1. Aquisição, em janeiro de 2016, de 500 vacas reprodutoras de raça Mirandesa, por 440 000 €, acrescidos de IVA (pagamento com cheque). De acordo com a consulta das cotações no Sistema de Informação dos Mercados Agrícolas (SIMA), o valor mais frequente de cada vaca reprodutora é de 840 €.
   Em 31/12/2016 o justo valor das vacas reprodutoras mantém-se.
2. Aquisição, em fevereiro de 2016, de 300 porcas reprodutoras de raça Alentejana, por 96 000 €, acrescidos de IVA (pagamento com cheque). De acordo com a consulta das cotações no SIMA, o valor mais frequente de cada porca reprodutora é de 325€.
   O justo valor das porcas reprodutoras é, à data de 31/12/2016, de 300 €.
3. Em dezembro de 2016, nasceram 850 leitões para abate, cujo justo valor unitário a essa data é, de acordo as cotações do SIMA, de 45 €. Em 31/12/2016 o justo valor dos leitões mantém-se.
4. Não ocorreram quaisquer vendas para abate neste ano.

Quanto ao cultivo de laranjas e limões, sabe-se que:

1. A quantia escriturada do pomar, antes das operações de regularização de 31/12/2016, é de 19 800 € e o seu justo valor a essa data é de 20 000 €.
2. Os produtos colhidos em 28/12/2016 somam 1450 Kg em laranjas e 1270 Kg em limões. De acordo com a consulta das cotações no SIMA, a cotação por Kg à data da colheita é de 0,45 € para as laranjas e de 0,40 € para os limões. Sabe-se, ainda, que a entidade comercializa os frutos através de uma central fruteira que cobra comissões de venda de 0,02 €/kg.
3. Em 31/12/2016, de acordo com as cotações no SIMA, o justo valor por Kg das laranjas é de 0,46 € e por Kg dos limões é de 0,41 €.

Em 3 de janeiro de 2017 a entidade vendeu, a pronto, toda a sua produção frutícola colhida em 28/12/2016 ao intermediário, ajustando um preço de venda de 0,55 €/kg de laranjas e 0,45 €/kg de limões. No dia seguinte, o intermediário emitiu uma fatura-recibo relativa às correspondentes comissões.

PEDIDO:

Apresente os lançamentos contabilísticos que refletem os factos ocorridos nos anos 2016 e 2017.

RESOLUÇÃO – EXERCÍCIO 2.26

ANO 2016			Conta a debitar	Conta a creditar	Valor
Registos relativos às vacas reprodutoras:					
Janeiro	*Aquisição*	Custo Aquisição	3721		440 000
		IVA Dedutível	2432		26 400
		Dívida a pagar		2211	466 400
		Pagamento	2211	12	466 400
	Ajustamento do JV na aquisição		664	3721	20 000
31/12/2016: não há ajustamento de JV					

Registos relativos às porcas reprodutoras:					
Fevereiro	*Aquisição*	Custo Aquisição	3721		96 000
		IVA Dedutível	2432		5 760
		Dívida a pagar		2211	101 760
		Pagamento	2211	12	101 760
	Ajustamento do JV na aquisição		3721	774	1 500
31/12/2016	*Ajustamento do JV à data do balanço*		664	3721	7 500

Registos relativos aos leitões:					
Dezembro	*Nascimento dos leitões*	JV data nascimento	3711	734	38 250
	Nota: Como alguns outros autores, entendemos que, quando nasce um novo ativo biológico (neste caso consumível), o que verdadeiramente ocorre é a "produção" de um novo ativo, em resultado do processo produtivo que é objeto social da entidade, razão pela qual se utiliza a crédito a conta 734. Existem, contudo, outros autores que consideram que a conta a creditar é a 774, como o que não concordamos uma vez que não estamos na presença de uma efetiva variação de valor, mas antes do reconhecimento de um novo ativo.				

Registos relativos ao pomar:					
31/12/2016	*Ajustamento JV à data do balanço*		3722	774	200

Registos relativos aos produtos agrícolas:					
28/12/2016	*Colheita das laranjas*	JV – custos de vender	341		623,5
	Colheita de limões	JV – custos de vender	342		482,6
				731*	1 106,1
31/12/2016	*Não se faz qualquer registo (de ajustamento para o justo valor em 31/12/2016) porque, após a colheita, os produtos agrícolas estão classificados como inventários e mensurados nos termos da NCRF 18 (ao custo). Apenas poder-se-ia registar uma perda por imparidade se o JV à data do balanço fosse inferior à quantia escriturada das laranjas e dos limões (o que não é o caso).*				
	* Alguns autores utilizam a conta 774 para refletirem a colheita dos produtos agrícolas. Não concordamos com tal solução pelas mesmas razões apresentadas para o nascimento dos leitões. A adotar-se tal solução, poder-se-á questionar sobre que registo se faria aquando da saída de armazém dos produtos vendidos.				

ANO 2017			Conta a debitar	Conta a creditar	Valor
Registos relativos à venda das laranjas e limões:					
3 de janeiro	*Venda*	Valor da dívida	2111		1 451,14
		Valor da venda		712	1 369,00
		IVA liquidado		2433	82,14
		Recebimento	12	2111	1 451,14
	Saída de armazém (admitindo SIP)		731		1 106,10
				341	623,50
				342	482,60
3 de janeiro	*Fatura-recibo das comissões*	Valor das comissões	6225		54,40
		IVA dedutível	2432		12,51
		Valor da dívida		2211	66,91
		Pagamento	2211	12	66,91

EXERCÍCIO 2.27

Em 1 de dezembro de N, a empresa BOM FERTILIZANTE, Lda., que se dedica à comercialização de um adubo especial para a agricultura – o Adubo Fertile, detinha no seu armazém 3000 sacos deste adubo mensurado a 13,75 €/saco. A Bom Fertilizante, Lda. é sujeito passivo de IVA à taxa de 6%, utiliza *o Sistema de Inventário Permanente* e custeia as saídas de inventários ao custo médio ponderado.

Durante o mês de dezembro de N realizou as seguintes operações:

Dia 3

— Fatura n.º 235 a Silva Santos, Lda. respeitante à venda de 750 sacos de Adubo Fertile a 19,00 €/saco. Foi concedido um desconto comercial de 2%.

Dia 5

— Nota de crédito n.º 12 a Silva Santos, Lda. referente à sua devolução de 5 sacos de Adubo Fertile.

Dia 10

— Fatura n.º 39433 da Quimigal, S.A. referente à compra de 1000 sacos de Adubo Fertile a 13,90 €.

Dia 11

— Despesas de transporte de 175 €, acrescido de IVA à taxa de 23% (fatura-recibo n.º 7747438 da RodoCargo, Lda.), referente à compra do dia 10.

Dia 12

— Compra a pronto pagamento a Adubal, Lda. de 2020 sacos de Adubo Fertile a 14,20 €/saco (Fatura-recibo n.º 439, incluindo um desconto financeiro de 5%).

Dia 19

— Autoconsumo de 30 sacos de Adubo Fertile para adubar o jardim em frente ao armazém principal. Operação não sujeita a IVA.

Dia 31

— O valor de mercado de cada saco de Adubo Fertile era de 13,50 €.

PRETENDE-SE:

1. Elabore a ficha de inventários da mercadora Adube Fertile, do mês de dezembro de N.
2. Apresente os lançamentos contabilísticos que refletem os factos ocorridos nesta empresa em dezembro de N.

RESOLUÇÃO – EXERCÍCIO 2.27

1. Ficha de inventário do Adubo Fertile.

Valores em €

Dia	Descrição	Entradas			Saídas			Inventários		
		Q.	C.U.	V.	Q.	C.U.	V.	Q.	C.U.	V.
	Existência inicial							3 000	13,75	41 250,00
3	Venda a Silva Santos, Lda. (Fatura n.º 235)				750	13,75	10 312,50	2 250	13,75	30 937,50
5	Devolução de Silva Santos, Lda. (Nota de crédito n.º 12)	5	13,75	68,75				2 255	13,75	31 006,25
11	Compra a Quimigal, S.A. (Fatura 39433; fatura-recibo 7747438)	1 000	14,075	14 075,00				3 255	13,85	45 081,25
12	Compra a Adubal, Lda. (Fatura-recibo 439)	2 020	14,20	28 684,00				5 275	13,98	73 765,25
24	Autoconsumo para jardim frente ao armazém				30	13,98	419,52	5 245	13,98	73 345,73

2. Lançamento das operações.

Valores em €

Dia	Descrição	Débito	*Valor*	Crédito	*Valor*	Notas
3.	Venda a crédito de mercadorias com desconto Comercial	2111	*14 802,90*	711	*13 965,00*	
				2433	*837,90*	
	Saída de armazém	611	*10 312,50*	32	*10 312,50*	
5.	Devolução de venda	717	*93,10*	2111	*98,69*	
		24341	*5,59*			
	Entrada em armazém	32	*68,75*	611	*68,75*	
10.	Compra a crédito de mercadorias	311	*13 900,00*	2211	*14 734,00*	
		2432	*834,00*			
11.	Despesas de transporte referente à compra do dia 10	311	*175,00*	12	*215,25*	
		2432	*40,25*			
	Entrada em armazém	32	*14 075,00*	311	*14 075,00*	
12.	Compra a pronto pagamento com desconto financeiro	311	*28 684,00*	782	*1 424,20*	
		2432	*1 634,99*	2211	*28 884,79*	
	Pagamento ao fornecedor	2211	*28 884,79*	12	*28 884,79*	
	Entrada em armazém	32	*28 684,00*	311	*28 684,00*	
19.	Autoconsumo	6226	*419,52*	382	*419,52*	
	Saída de armazém	382	*419,52*	32	*419,52*	
27.	Processamento e pagamento de salários	631	*45 000,00*	2421	*26 250,00*	
		632	*125 000,00*	245	*17 935,00*	
		635	*38 823,00*	2311	*29 565,00*	
				2312	*96 250,00*	
				245	*38 823,00*	
	Pagamento dos salários	2311	*29 565,00*	12	*125 815,00*	
		2312	*96 250,00*			
31.	Perda de valor das mercadorias	652	*2 538,00*	329	*2 538,00*	a)

NOTAS:

a) Valor realizável líquido (13,50 € × 5.245) 70 807,50 €
Valor contabilístico a 31/12 –73 345,73 €
Perda de valor –2 538,23 €

EXERCÍCIO 2.28

A sociedade Poros, Lda. dedica-se à comercialização de artigos de cerâmica de Conímbriga pintados à mão. É sujeito passivo de IVA à taxa de 23% e adota o *sistema de inventário permanente*. No mês de março de N, apresentava a seguinte Ficha de Inventários para o produto "pratos de cerâmica pintados à mão – categoria A", suportada nas operações descritas a seguir:

Valores em €

Dia	Descrição	Entradas			Saídas			Existências		
		Q.	C.U.	V.	Q.	C.U.	V.	Q.	C.U.	V.
1	Exist. inicial							300	15,00	4 500
4	Compra	200	16,00	3 200				300	15,00	4 500
								200	16,00	3 200
5	Transporte			100				300	15,00	4 500
								200	16,50	3 300
7	Venda									
11	Devolução									
13	Sinistro									

Descrição das operações efetuadas:

Dia 4

— Fatura n.º 522 de Creatour, Lda. relativa à aquisição da mercadoria "pratos de cerâmica – categoria A".

Dia 5

— Transporte das mercadorias adquiridas no dia 4 efetuado por Viarápida, Lda., fatura-recibo n.º 1256. Operação sujeita a IVA à taxa de 23%.

Dia 7

— Fatura-recibo n.º 991099 a Artist, Lda. de 400 unidades da mercadoria "pratos de cerâmica – categoria A", cujo custo da venda foi de 6150 €. A empresa pratica uma margem de comercialização de 20% sobre o preço de venda, tendo sido concedido um desconto de pronto pagamento de 10%.

Dia 11

— Devolução de 50 unidades da mercadoria "pratos de cerâmica – categoria A" (N/Nota de Crédito n.º 999015) pelo cliente Artist, Lda., relativa à venda efetuada no dia 7.

Dia 13

— Acidente com o veículo de transporte das mercadorias em armazém, tendo-se verificado a inutilização de 30 unidades da mercadoria "pratos de cerâmica – categoria A".

PRETENDE-SE:

1. Identifique, justificando, a fórmula de custeio adotada pela empresa.
2. Complete a Ficha de Inventários referente à mercadoria "pratos de cerâmica pintados à mão – categoria A".
3. Proceda ao registo contabilístico das operações descritas.

RESOLUÇÃO – EXERCÍCIO 2.28

1. A fórmula de custeio é o FIFO, pois, considerando os registos de dia 4 na ficha de inventários, são devidamente identificados dois lotes de mercadorias, com dois custos unitários diferentes, e as despesas de transporte do dia 5, associadas ao lote comprado dia 4, são afetas apenas a esse lote.

2. Ficha de Inventários da mercadoria "pratos de cerâmica pintados à mão – categoria A".

Valores em €

Dia	Descrição	Entradas			Saídas			Existências		
		Q.	C.U.	V.	Q.	C.U.	V.	Q.	C.U.	V.
1.	Existência inicial							300,00	15,00	4 500,00
2.	Compra	200	16,00	3 200,00				300	15,00	4 500,00
								200	16,00	3 200,00
3.	Transporte			100,00				300	15,00	4 500,00
								200	16,50	3 300,00
7.	Venda				300	15,00	4 500,00	0		0,00
					100	16,50	1 650,00	100	16,50	1 650,00
11.	Devolução	50	16,50	825,00				150	16,50	2 475,00
13.	Sinistro				30	16,50	495,00	120	16,50	1 980,00

3. Lançamento das operações.

Valores em €

Dia	Descrição	Débito	Valor	Crédito	Valor	Notas
4.	Compra a crédito com desc. comercial	311	*3 200,00*	2211	*3 936,00*	
		2432	*736,00*			
	Entrada em armazém	32	*3 200,00*	311	*3 200,00*	
5.	Transporte de mercadorias	311	*100,00*	11/12	*123,00*	
		2432	*23,00*			
	Entrada em armazém	32	*100,00*	311	*100,00*	
7.	Venda a pronto pagamento com desc. financeiro	12	*9 077,40*	711	*8 200,00*	
		682	*820,00*	2433	*1 697,40*	a)
	Saída de armazém	611	*6 150,00*	32	*6 150,00*	
11.	Devolução de venda pelo cliente Artist, Lda.	717	*1 025,00*	211	*1 260,75*	
		24341	*235,75*			
	Entrada em armazém	32	*825,00*	611	*825,00*	
13.	Sinistro	6841	*608,85*	382	*495,00*	
				24342	*113,85*	
	Saída de armazém	382	*495,00*	32	*495,00*	

NOTAS:

a) Preço de custo = Preço de venda – 0,25 × Preço de venda
6150,00 = PV × 0,75
PV = 8200,00
Preço de venda unitário = 8200,00 / 400 = 20,50 euros

EXERCÍCIO 2.29

A sociedade GKM, Lda. dedica-se à produção e comercialização de roupa infantil para outras superfícies comerciais. Para além do que produz, a empresa comercializa apenas uma linha de vestuário infantil de cerimónia – "Princesa". A sociedade é sujeito passivo de IVA à taxa de 23%.

No início do mês de dezembro tinha no seu armazém 200 vestidos de menina adquiridos por 50 € cada. A empresa usa o *sistema de inventário permanente* e o *custo médio ponderado* no registo e valorização da saída das mercadorias.

Durante o mês de dezembro do ano N ocorreram as seguintes operações:

1. Em 15/12, n/ compra a crédito, ao fornecedor Modalinda, S.A., de 50 vestidos Princesa no valor de 60 € cada. Despesas adicionais de transporte no valor de 70 € (pagas no ato de entrega, em dinheiro).
2. N/ fatura n.º 168 a Vestidinhos, Lda., relativa à venda de 20 vestidos Princesa. Foi concedido um desconto de quantidade de 5%. Valor total da fatura 1869,60 €.
3. Devolução de 10 vestidos Princesa adquiridos no dia 15/12, por se encontrarem com defeito.
4. Reforma parcial do n/ saque sobre Maria Teresa, Lda. (que já tinha sido descontado na CGD), com o valor nominal 1000 €, nas seguintes condições:
   — Recebimento de 50% por cheque;
   — Novo saque a 60 dias, incluindo encargos de 25 €.
5. Processamento das remunerações relativas ao seu pessoal: taxa social única de 11%; taxa média de IRS de 10%; encargos sobre remunerações à taxa de 23,75% (segurança social suportada pela empresa); sendo as remunerações líquidas de 9875 €.

PRETENDE-SE:

O registo contabilístico das seguintes operações ocorridas durante o mês de dezembro de N.

EXERCÍCIO 2.30

A sociedade MOVIFAIA, S.A. comercializa portas de faia de diversas gamas. É sujeito passivo de IVA à taxa normal de 23%, utiliza o *sistema de inventário permanente* e o *custo médio ponderado* como fórmula de custeio dos inventários. Apresentava em armazém a 02/01/N um valor total de inventários no montante de 10 800 € correspondente a 120 unidades.

Durante a 1.ª quinzena de janeiro do referido período económico, efetuou as seguintes operações:

Dia 4: Compra ao fornecedor Madeira, Lda. de 100 unidades de portas de faia, referência XLL, a 85 € cada. Fatura n.º 146/N, a 60 dias, incluindo um desconto comercial de 5%. O fornecedor acrescentou à fatura 150 € para cobertura de despesas de transporte.

Dia 6: Fatura-recibo n.º 991099 a PMMoveis, Lda. de 50 unidades de portas de faia. A empresa pratica uma margem de comercialização de 25% sobre o preço de venda, tendo sido concedido um desconto de pronto pagamento de 10%. A PMMoveis, Lda. tinha, no ato da encomenda, efetuado um adiantamento por conta da mercadoria fornecida no valor de 1500 €.

Dia 8: No prazo do vencimento da fatura n.º 146/N, a Movifaia, S.A. informou o fornecedor Madeira, Lda. que não poderia pagar, propondo-se aceitar uma letra a 90 dias pelo montante em dívida. A sua proposta foi aceite, tendo o fornecedor Madeira, Lda. procedido à emissão da letra (N/Aceite n.º 5/N).

Dia 10: Venda, a 60 dias, ao cliente J.S. Fernandes, Lda., de um lote de 100 portas de faia, a 100 €/cada. Fatura n.º 9023/N. Conforme previamente acordado, o cliente J.S. Fernandes, Lda. pagou de imediato, por cheque, metade da fatura, tendo aceitado uma letra a 90 dias pelo restante (N/Saque n.º 3/N).

Dia 11: Devolução de 5 unidades de portas de faia (N/Nota de Crédito n.º 999015) por PMMoveis, Lda., relativa à venda efetuada no dia 6.

Dia 15: Acidente com o empilhador das mercadorias no interior do armazém tendo-se verificado a inutilização de 10 unidades de portas de faia.

PRETENDE-SE:

1. Preencha a ficha de inventários da mercadoria "portas de faia", usando o *custo médio ponderado* como fórmula de custeio.
2. Proceda ao registo contabilístico das operações descritas, no razão da MOVIFAIA, S.A.

EXERCÍCIO 2.31[23]

A sociedade ESTANDARTE, Lda. comercializa a mercadoria M, relativamente à qual pratica uma margem de 20% sobre o preço de venda. A contabilização das operações é efetuada com recurso ao sistema de inventário permanente.

Durante o mês de setembro, recolheram-se os seguintes dados da ficha de inventário:

Dia	Descrição	Entradas		Saídas	
		Quant.	Valor	Quant.	Valor
3	Compra a Beta	420	840 000		
12	Venda a Gama			650	1 200 000
19	Venda a Alfa			150	300 000
22	Devolução de Gama	20	40 000		
27	Quebra acidental			40	80 000

Sabe-se que em 01/09 existia em armazém um lote de 500 unidades de M, a que correspondia um custo de 900 000 €.

PRETENDE-SE:

1. Identifique qual o critério de custeio adotado pela empresa.
2. Efetue os lançamentos das operações acima referidas.
3. Identifique qual o valor da existência final e do CMV se:
   i. o critério de custeio utilizado for o FIFO;
   ii. o critério de custeio utilizado for o Custo Médio.
4. Admitindo que a empresa utiliza o sistema de inventário periódico, proceda ao apuramento do valor da existência final (a qual, por inventariação física, ascende a 100 unidades) e do CMV e efetue os respetivos registos contabilísticos, sabendo ainda que:
   i. a valorização das existências finais é a preços recentes;
   ii. a valorização das existências finais é a preços médios.

[23] Exercício adaptado de: Rodrigues, A., Carvalho, C., Cravo, D., Azevedo, G. (2015). SNC – Contabilidade Financeira: sua aplicação. Coimbra: Edições ALMEDINA.

EXERCÍCIO 2.32

A empresa LIMPEX, Lda., dedica-se à comercialização de artigos para limpeza e higiene e é sujeito passivo de IVA à taxa de 23%. Durante o mês de dezembro de N realizou as seguintes operações:

Dia 1: Guia de Remessa n.º 995 de AAA, Lda., relativa a 1.000 unidades do Produto C, por 50 000 €.

Dia 2: Despesas de transporte referentes à operação do dia 1, no valor de 1000 € (acresce IVA a 23%). Fatura-recibo n.º 1212 de Transp, Lda.

Dia 3: Fatura n.º 100 de AAA, Lda., referente à Guia de Remessa do dia 1. O valor da Fatura coincide com o da Guia de Remessa.

Dia 4: Fatura n.º 199 a TTT, Lda., de 250 unidades do Produto C, a 100 €/unidade, sendo concedido um desconto comercial de 2%.

Dia 6: Um acidente na arrumação dos produtos estragou 50 unidades do Produto C.

Dia 31: Nota de Crédito a TTT, Lda., referente à devolução de 10 unidades do Produto C (incluídos na Fatura n.º 199), em virtude deste produto se encontrar danificado (efetuou-se a regularização de IVA).

PRETENDE-SE:

1. Elabore a *Ficha de Inventário* do Produto C, usando o FIFO como fórmula de custeio. Admita que, no início de dezembro, a empresa possuía em armazém 100 unidades do Produto C a 55 €/unidade.
2. Registe no razão os factos patrimoniais descritos, por alíneas, admitindo que, no final do período, o valor de mercado dos inventários era de 40 250 €.

EXERCÍCIO 2.33[24]

A sociedade Frescos e Bons, S.A. é uma empresa agrícola que produz e comercializa frutos e legumes na região sul de Portugal. Durante o ano de N, obteve, cronologicamente as seguintes produções de melão:

Valores em €

Lotes	Produções (toneladas)	Justo valor à data da colheita (por tonelada)
1	300	800
2	450	825
3	360	850
4	480	875

Sabe-se que, devido à grande procura de melão durante a época quente, por ser um produto refrescante, e à fraca conservação deste tipo de produtos, a sociedade não tinha melões nos seus inventários no início do ano.

Consultado o Sistema de Informação de Mercados Agrícolas (SIMA) verificou-se que este produto não constava da lista, pelo que a empresa teve que recorrer a mercados alternativos para usar a cotação desses mercados para determinar o justo valor. Neste sentido, sabe-se que à data do balanço o justo valor de cada tonelada de melão é de 900 € e que durante o ano foram vendidas 1000 toneladas de melão.

A empresa adota a política contabilística prevista nas NCRF que lhe minimiza o custo das vendas.

PRETENDE-SE:

1. Indique qual a política contabilística adotada pela sociedade Frescos e Bons, S.A. que lhe minimiza o custo das vendas.
2. Calcule o saldo da conta de produtos acabados Melão à data do balanço.

---

[24] Exercício adaptado de: Rodrigues, A., Carvalho, C., Cravo, D., Azevedo, G. (2015). SNC – Contabilidade Financeira: sua aplicação. Coimbra: Edições ALMEDINA.

CAPÍTULO 3
—
OPERAÇÕES NÃO CORRENTES

Este capítulo inclui exercícios sobre operações não correntes na empresa, particularmente sobre investimentos. A saber:

- Investimentos Financeiros (NCRF 13)
- Propriedades de Investimento (NCRF 11)
- Ativos Fixos Tangíveis (NCRF 7)
- Ativos Intangíveis (NCRF 6)

Bibliografia

Borges, A., Rodrigues, A., Rodrigues, R. (2014). *Elementos de contabilidade geral*. (2.ª ed.), Lisboa: Áreas Editora.

Lopes, I. (2017). *Contabilidade Financeira*, (2.ª ed.), Coimbra: Edições Almedina.

SNC – Sistema de Normalização Contabilística, Decreto-lei n.º 98/2015 de 2 de junho [Código de Contas – Portaria n.º 218/2015, de 23 de julho; Estrutura Concetual – Aviso n.º 8254/2015, de 29 de julho; NCRFs regime geral – Aviso n.º 8256/2015, de 29 de julho].

Os investimentos são os ativos não correntes mais importantes das entidades económicas, constituindo, em muitas delas, uma parte considerável do total do ativo.

De acordo com o Código de Contas do SNC, os investimentos registam-se na Classe 4, que abrange os bens detidos com continuidade ou permanência e que não se destinem a ser vendidos ou transformados no decurso normal das operações da entidade, quer sejam de sua propriedade, quer estejam em regime de locação financeira. Assim, as contas desta classe registam os **investimentos financeiros,** as **propriedades de investimento**, os **ativos fixos tangíveis**, e os **ativos intangíveis**, e ainda os investimentos em curso e os ativos não correntes detidos para venda.

No âmbito dos **investimentos financeiros** destacam-se os *investimentos em entidades associadas*. A classificação de uma entidade como associada de outra depende da "percentagem de controlo", que a segunda exerce sobre a primeira, traduzida da percentagem (direta e indireta) de direitos de voto. Na prática, representa o poder que a entidade que controla tem de gerir as políticas financeiras e operacionais da sociedade dependente ou de uma atividade económica, com o objetivo de obter benefícios da participação.

De entre os tipos de controlo – exclusivo, conjunto ou influência significativa – para que uma entidade seja considerada associada de outra, esta outra tem que ter uma *influência significativa* sobre a associada, que se presume ser conseguida com uma percentagem de controlo superior ou igual a 20%, mas inferior a 50% (NCRF 13, §4). A influência significativa da entidade que controla traduz-se no seu poder de participar nas decisões de política financeira e operacional da participada. A influência significativa pode ser obtida através a posse de ações ou mesmo por via dos estatutos ou acordos.

Os investimentos financeiros em associadas, quer nas demonstrações financeiras individuais, quer nas consolidadas, são mensurados e contabilizados pelo *Método da Equivalência Patrimonial* (MEP) (NCRF 13, §44). O MEP é um método de contabilização pelo qual o investimento ou interesse é inicialmente reconhecido pelo custo (sendo o *goodwill* respetivo apresentado separadamente), sendo posteriormente ajustado em função das alterações verificadas, após a aquisição, na quota-parte do investidor no património líquido da investida. Os resultados do investidor incluem a parte que lhe corresponda nos resultados da investida. Assim, a quantia escriturada de um investimento contabilizado pelo MEP corresponde à quantia reconhecida no balanço no âmbito da contabilização desse investimento, incluindo *goodwill* associado, ainda que apresentado separadamente (NCRF 13, §4).

Consequentemente, a valorização da participação reflete, a todo o momento, as alterações verificadas no capital próprio da entidade participada.

Do ponto de vista da operacionalização dos registos contabilísticos, o uso do MEP implica que o investimento seja:

- Inicialmente reconhecido pelo custo de aquisição (quantia escriturada), podendo incluir *goodwill* registado separadamente se o custo de aquisição for superior ao justo valor da percentagem no capital próprio (ativos líquidos de passivos) da adquirida;
- Posteriormente, a quantia escriturada será ajustada (aumentada ou diminuída), da:
  1. Quantia correspondente à proporção do investidor nos resultados líquidos da participada – variação reconhecida pelo investidor como resultado do período (se RL positivo, conta *785 – Rendimentos em subsidiárias, associadas e empreendimentos conjuntos; 7851 – Aplicação do MEP*)
  2. Quantia correspondente à proporção noutras variações no capital próprio da entidade participada – outros ajustamentos não reconhecidos nos resultados (conta *57 – Ajustamentos em ativos financeiros; 5713 – Decorrentes de outras variações nos capitais próprios das participadas*)
  3. Quantia dos lucros distribuídos à participação (distribuição de dividendos)
  4. Quantia da cobertura de prejuízos que tenha sido deliberada (conta *6852 – Aplicação do MEP*)
- Aplicação do MEP pela primeira vez, pode envolver ajustamentos de transição (conta *5711 – ... Ajustamentos de transição*), se o investimento já estiver antes registado ao custo.

Apesar de prescrever o uso do MEP para os investimentos em associadas, a NCRF 13 admite que este poderá não ser aplicado, nomeadamente se existirem restrições severas e duradouras que prejudiquem significativamente a capacidade de transferência de fundos para a empresa detentora, caso em que deve ser usado o método do custo (§44). Adicionalmente, o MEP pode ser descontinuado a partir da data em que a investidora deixar de ter influência significativa sobre a associada (§47), situação que implica que a investidora passe a **mensurar pelo justo valor** qualquer investimento retido na ex-associada; o justo valor do investimento retido deve ser considerado como o seu justo valor no reconhecimento inicial de um ativo financeiro de acordo com a NCRF 27 (§47 e §48).

Por outro lado, uma investidora passa a usar o MEP a partir da data em que a entidade participada se torne uma associada. Nesta data, qualquer diferença entre o custo do investimento e a parte do investidor no justo valor líquido dos ativos, passivos e passivos contingentes identificáveis da associada (*goodwill*) é contabilizada de acordo com a *NCRF 14 — Concentrações de Atividades Empresariais*, tendo em atenção o seguinte (§52 e §63):

a) O *goodwill* relacionado com uma associada é apresentado separadamente da quantia escriturada do investimento; deve ser amortizado, nos mesmos termos do §46 da NCRF 14, ou seja, por 10 ANOS;
b) Qualquer excesso da parte do investidor no justo valor líquido dos ativos, passivos e passivos contingentes identificáveis da associada acima do custo do investimento (*goodwill* negativo) é excluído da quantia escriturada do investimento e é incluído como rendimento na determinação da parte do investidor nos resultados da associada, nos termos do referido no §48 da NCRF 14.

No que respeita à participação do investidor nas perdas da associada, importa realçar que esta participação é até ao limite do valor do investimento financeiro. Se a parte de um investidor nas perdas de uma associada igualar ou exceder o seu interesse na associada, o investidor descontinua o reconhecimento da sua parte de perdas adicionais (NCRF 13, §54)

Finalmente, tendo aplicado o MEP e reconhecido as perdas da associada de acordo com o §54 referido, o investidor deve determinar se é necessário reconhecer qualquer perda por imparidade adicional com respeito ao conjunto de interesses na associada (§56). A totalidade da quantia escriturada do investimento numa associada deve ser testada quanto a imparidade segundo a *NCRF 12 – Imparidade de Ativos* como se de um único ativo se tratasse, comparando a sua quantia recuperável (o mais elevado entre valor de uso e justo valor menos os custos de vender) com a sua quantia escriturada. Uma perda por imparidade reconhecida nessas circunstâncias deve ser imputada primeiramente ao *goodwill* (§57). Qualquer inversão dessa perda por imparidade é reconhecida em conformidade com a NCRF 12, na medida em que a quantia recuperável do investimento aumente subsequentemente. Uma perda por imparidade reconhecida para o *goodwill* não deve ser revertida num período posterior (§57), dado que a intenção é que, a médio prazo, o goodwill desapareça do ativo do investidor, crendo-se limitado o período em que poderá gerar benefícios económicos para a entidade.

De entre os investimentos os que certamente têm mais relevância do ponto de vista da atividade da entidade são os **ativos fixos tangíveis** (AFT) (NCRF 7). Estes fazem parte dos designados "investimentos técnicos", que se opõem aos investimentos de fruição, dado que o objetivo com que são detidos não é proporcionar rendimentos ou controlo de outras entidades, mas apoiar direta ou indiretamente o exercício da atividade da entidade, sendo detidos por mais do que um ano, para uso na produção ou fornecimentos de bens e serviços, ou para fins administrativos (NCRF 7, §). Caracterizam-se por ter existência física, mas, para o seu reconhecimento, não é necessário que a entidade seja sua proprietária, bastando que sobre eles tenha controlo (como acontece com os ativos detidos em locação financeira), ou seja, baste que a entidade assegure a obtenção dos benefícios económicos futuros que o ativo incorpora/representa e restrinja o acesso de terceiros ao mesmo ativo (SNC, Estrutura Concetual, §56).Também não é necessário que a entidade os tenha comprado; a aquisição pode ser sido por doação, por exemplo.

Os AFT abrangem assim, além de terrenos e edifícios afetos à atividade da empresa, todo o tipo de equipamentos: básico, de transporte, administrativo, e até biológico. De entre estes, alguns AFT podem demorar tempo para construir, estando à data do relato, em curso de construção; ainda assim, dado o potencial para benefícios económicos futuros, devem ser reconhecidos como investimentos em curso (nestes também se incluem os adiantamentos por conta de investimentos). No momento em que o bem de investimento entra em funcionamento, o saldo devedor da conta de investimentos em curso representa o seu custo de aquisição ou de produção, pelo que deve ser transferido para a conta respetiva de investimentos, iniciando-se somente agora o seu uso e desgaste, refletido na contabilidade através da sua depreciação.

Pelo seu caráter de permanência por longos períodos na entidade, os AFT sofrem reparações. É importante distinguir entre o que se consideram meros gastos de manutenção (e.g., de elevadores, substituição de lâmpadas e pinturas) – reconhecidos como gastos do período; do que são grandes reparações ou beneficiações, capitalizáveis no ativo (subconta separada do valor do ativo a que respeita). Consideram-se grandes reparações e beneficiações, quando a vida útil do bem em causa é aumentada em consequência dessa reparação ou beneficiação; grandes reparações e beneficiações são depreciadas e a quota de depreciação tem em conta a vida útil esperada.

A *depreciação* de um AFT é a imputação sistemática da quantia depreciável de um ativo durante a sua vida útil, sendo a *quantia depreciável* o custo de um ativo, ou outra quantia substituta do custo, menos o seu valor residual. Por *valor residual* de um ativo entende-se a quantia estimada que uma entidade obteria correntemente pela sua alienação, após dedução dos custos de alienação estimados, se o ativo já tivesse a idade e as condições esperadas no final da sua vida útil. *Vida útil* é (a) o período durante o qual uma entidade espera que um ativo esteja disponível para uso; ou (b) o número de unidades de produção ou similares que uma entidade espera obter do ativo (NCFR 7, §6).

Aquando do seu reconhecimento um AFT é mensurado ao seu custo (aquisição ou construção) (NCRF 7, §16), podendo este incluir, por exemplo, taxas aduaneiras se o ativo for importado, gastos com formação de pessoal técnico específico para lidar com o ativo, despesas de montagem e colocação em funcionamento, juros de financiamentos de acordo com a NCRF 10 e despesas futuras de desmantelamento e remoção do ativo, no âmbito da NCRF 21.

Após o reconhecimento, a NCRF 7 permite dois modelos: continuar pelo modelo do custo ou optar pelo modelo da revalorização, neste caso quando o justo valor do ativo no mercado, determinado por um avaliador independente, seja substancialmente superior à sua quantia escriturada no balanço.

No modelo do custo, um AFT deve ser escriturado pelo seu custo menos qualquer depreciação acumulada e quaisquer perdas por imparidade acumuladas (§30). No modelo de revalorização um item do AFT cujo justo valor possa ser mensurado fiavelmente deve ser escriturado por uma quantia revalorizada, que é o seu justo valor à data da revalorização menos qualquer depreciação acumulada subsequente e perdas por imparidade acumuladas subsequentes. As revalorizações devem ser feitas com suficiente regularidade para assegurar que a quantia escriturada não difira materialmente daquela que seria determinada pelo uso do justo valor à data do balanço, refletindo assim a imagem verdadeira e apropriada da situação (§31).

No modelo da revalorização é criado um excedente de revalorização, que é uma variação patrimonial positiva no Capital Próprio da entidade, ou um rendimento do período se resultar de uma reversão de uma perda por imparidade anteriormente reconhecida.

O registo da revalorização do AFT pode ser feito por dois métodos (NCRF 7, §35): substituição do valor bruto do ativo pelo justo valor, ajustando-se as depreciações acumuladas (Método do custo de reposição depreciado), ou eliminação das depreciações acumuladas (Método do valor corrente de mercado). Mais concretamente, no Método do Custo de Reposição Depreciado a depreciação é re-expressa proporcionalmente com a alteração na quantia escriturada bruta do ativo, a fim de que a quantia escriturada do ativo após a revalorização iguale a quantia revalorizada. Este método é muitas vezes usado quando um ativo for revalorizado por meio da aplicação de um índice para determinar o seu custo de reposição depreciado. No Método do Valor Corrente de Mercado, a depreciação é eliminada contra a quantia escriturada bruta do ativo, sendo a quantia líquida re-expressa para a quantia revalorizada do ativo. Este método é muitas vezes usado para edifícios.

O tratamento subsequente do excedente de revalorização implica a sua transferência para resultados retidos, quando realizado (para a realização o ativo tem que continuar a ser depreciado ou ser alienado) e respetivo reconhecimento de Passivos por Impostos Diferidos (ver NCFR 25).

Um AFT inicia a sua depreciação quando esteja disponível para ser utilizado. Uma entidade deve escolher o método de depreciação que melhor reflita os benefícios económicos futuros gerados pelo ativo (NCRF 7, §60); a NCRF 7 prevê a revisão periódica do valor residual, do método de depreciação e do período de vida útil. Os métodos de depreciação admitidas na NCRF 7 (§62) são:

- Linha reta – débito constante durante a vida útil do ativo, se o seu valor residual não se alterar;
- Saldo decrescente – débito decrescente durante a vida útil do ativo, se o seu valor residual não se alterar; e
- Unidades de produção – débito baseado no uso ou produção esperados.

O registo contabilístico da depreciação anual é um gasto do período; no ativo é feito pelo método indireto, usando uma conta de depreciações acumuladas, que deduz ao valor bruto para se obter a quantia escriturada no Balanço.

Seguindo o modelo do custo, ou na continuidade do modelo de revalorização, os AFT, sobretudo os que permanecem por períodos mais longos na entidade, são sujeitos a teste de imparidade, de acordo com a *NCRF 12 – Imparidade de Ativos*. Quando a quantia recuperável do ativo, nos termos desta norma, é superior à quantia escriturada, deve ser reconhecida uma perda por imparidade, em geral, como gasto do período, ou eventualmente como diminuição de revalorização se resultar de uma reversão de um excedente previamente reconhecido (NCRF 7, §63).

Um AFT deve se desreconhecido quando for alienado, ou quando já não se esperarem benefícios económicos futuros do seu uso ou alienação (NCRF 7, §66).

O desreconhecimento por alienação ou cessação dos benefícios económicos esperados (abate) implica que:

- Ganho ou perda seja reconhecido como resultado do período; o ganho não é rédito;
- Ganho ou perda seja resultante da diferença entre os proventos líquidos da alienação, se os houver, e a quantia escriturada do item;
- Quantia escriturada a "desreconhecer" inclui substituições e reparações não correntes; e
- Retribuição pela alienação é o justo valor.

As **propriedades de investimento** (NCRF 11) inserem-se nos ativos não correntes de fruição, já que são imóveis (terrenos ou edifícios – ou parte de um edifício – ou ambos) detidos pelo proprietário ou pelo locatário de uma locação financeira, para obter rendas ou para valorização de capital, ou para ambas. Não são utilizadas na produção ou fornecimento de bens e serviços, nem para fins administrativos, o que as distingue de outros terrenos e edifícios classificados como AFT na NCRF 7, que são "propriedades ocupadas pelo dono"; também não são para venda na atividade normal (operacional) da empresa (e.g., em empresa de construção ou imobiliárias), senão seriam inventários no âmbito da NCRF 18.

No caso de propriedades "mistas", ou seja, com partes ocupadas pela entidade na sua atividade e outras arrendada, por exemplo, para a classificação conta a finalidade "maioritária" (NCRF 11, §10). São necessários juízos de valor para definir critérios para determinar se uma propriedade é ou não de investimento (§14).

Uma propriedade de investimento pode ser adquirida, construída pela própria entidade, adquirida no âmbito de uma concentração de atividades empresariais, ou recebida em troca de outros ativos. De acordo com cada um destes casos, a mensuração no reconhecimento difere:

- Adquirida: custo de aquisição + custos de transação (honorários, IMT, outros);
- Construída pelo próprio: soma dos materiais, mão de obra e outros consumíveis cujo consumo seja considerado normal;
- Adquirida no âmbito de uma concentração de atividades empresariais: justo valor na data da concentração empresarial; e

- Recebida em troca de outros ativos: justo valor na data da troca ou o valor contabilístico do bem cedido, se não se tratar de uma transação comercial ou se o justo valor não puder ser fielmente determinado.

Não obstante, pode dizer-se que, tal como nos AFT, as propriedades de investimento são inicialmente também mensuradas ao custo. Também como os AFT, podem sofrer grandes reparações e beneficiações capitalizáveis, sendo que a substituição de partes do imóvel implica a eliminação do valor contabilístico das partes substituídas; os gastos de manutenção são gastos do período em que ocorrem.

Subsequentemente, as propriedades de podem continuar pelo modelo do custo, em que a quantia escriturada é o custo deduzido de depreciações e eventuais perdas por imparidade acumuladas. Mas, dadas as suas características, distintas dos AFT, as propriedades de investimento parecerem ser melhor mensuradas subsequentemente pelo modelo do justo valor, que implica valorização ao preço de mercado, com base em avaliações de entidades especializadas independentes; não há lugar a depreciações nem a perdas por imparidade, sendo as diferenças de justo valor reconhecidas como resultados do período (ganhos/perdas por variação do justo valor). Deste modo, o capital próprio da investidora poderá estar mais ajustado ao valor real. Todavia, quando o justo valor das propriedades de investimento não puder ser determinado com fiabilidade, a entidade deve usar o modelo do custo (NCRF 11, §54).

Nas entidades económicas, fruto das alterações no uso dos ativos, pode haver transferência de propriedades de investimento para AFT e vice-versa, com mais ou menos frequência (NCRF 11, §§60-68). As Figuras 4 e 5 ilustram, entre outras, estas situações, com consequências na mensuração.

Figura 4. Transferência para propriedades de investimento

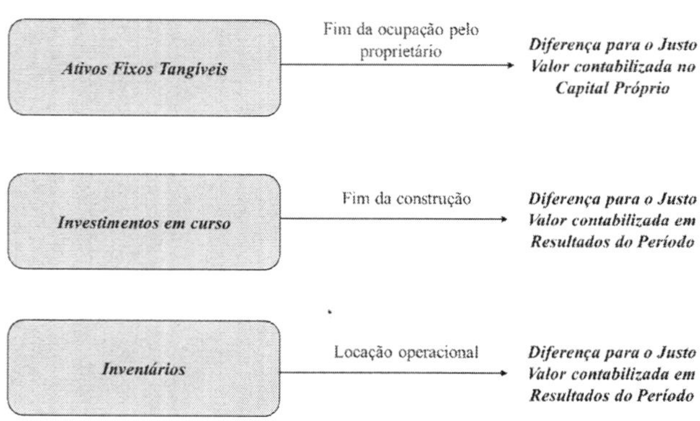

Figura 5. Transferência de propriedades de investimento

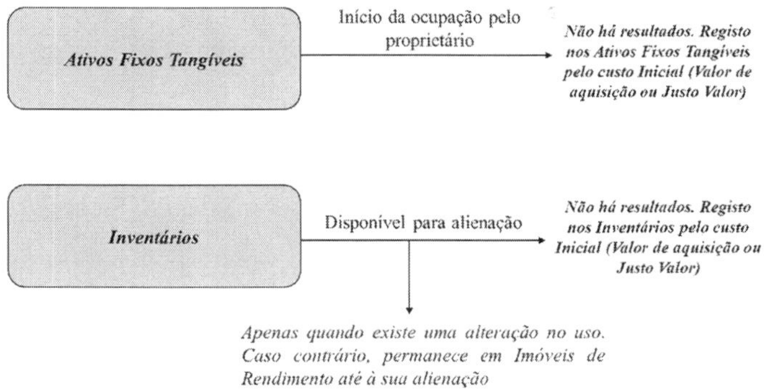

As razões e os procedimentos quanto ao desreconhecimento, aproximam-se do referido para s AFT, salvo que, no modelo do justo valor não há depreciações nem perdas por imparidade acumuladas a desreconhecer (NCRF 11 §§69-76).

Os **intangíveis** são dos recursos não correntes ao dispor de uma entidade económica aqueles que mais problemas levantam para o reconhecimento como ativos, designadamente porque muitos (e.g., *know-how*) encontram dificuldades em cumprir requisitos de reconhecimento, nomeadamente no que diz respeito ao controlo por parte da entidade, garantia de geração de benefícios económicos futuros e mensuração com fiabilidade.

Os benefícios económicos futuros obtidos de um ativo intangível podem incluir réditos da venda de produtos ou serviços, ou poupança de custos, de que é exemplo o uso de processos de produção mais eficientes, resultantes de inovações patenteadas em propriedade industrial, que pode permitir redução de custos de produção futuros e não necessariamente o aumento do rédito das vendas (NCRF 6, §17).

A NCRF 6 (§8) define ativos intangíveis como *não monetários, identificáveis* e *sem substância física*. A identificabilidade implica que o ativo seja separável da entidade (possível de ser vendido, transferido, etc.) e resulte de direitos contratuais ou outros direitos legais (NCRF 6, §12). Destes aspetos decorre o facto de muito poucos intangíveis serem reconhecidos pelas entidades como ativo, estando considerado no Código de Contas do SNC, explicitamente: *goodwill*, projetos de desenvolvimento (se cumprirem certos requisitos), licenças de programas de computador e de propriedade industrial (e.g., patentes).

Quando um dispêndio não conseguir satisfazer as condições de reconhecimento de ativo intangível, deve ser reconhecido como gasto do período em que ocorre, como é o caso dos projetos de pesquisa e desenvolvimento, quando ainda estão em fase de pesquisa (NCRF 6, §§49-65).

Há situações em que um ativo incorpora elementos tangíveis e intangíveis, caso em que deve classificar-se consoante o valor mais significativo. Por exemplo, quando o *software* não for uma parte integrante do *hardware* respetivo, o *software* é tratado como um ativo intangível (licença); mas, quando uma máquina ou ferramenta controlada por computador não funcione sem esse *software* específico, este é uma parte integrante do equipamento e deve ser tratado como um AFT. O mesmo se aplica ao sistema operativo de um computador, que faz parte do AFT.

O grande problema de reconhecimentos do intangíveis está naqueles que são gerados internamente. Assim, o *goodwill* não é reconhecido internamente na entidade que o gera (NCRF 6, §§46-48), mas é reconhecido num contexto de concentração de atividades empresariais, em que uma investidora adquire outra e paga mais do que o justo valor dos seus ativos, passivos e passivos contingentes (NCRF 14). Neste contexto, o *goodwill* representa um pagamento feito pelo adquirente em antecipação de benefícios económicos futuros de ativos que não possam ser individualmente identificados e separadamente reconhecidos; os benefícios económicos futuros podem resultar de sinergias entre os ativos identificáveis adquiridos ou de ativos que, individualmente, não se qualificam para reconhecimento nas demonstrações financeiras, mas pelos quais o adquirente está preparado para fazer um pagamento na concentração de atividades empresariais.

Assumindo que cumpre os critérios de (difícil) reconhecimento, um ativo intangível deve ser mensurado inicialmente pelo custo: de aquisição, para os ativos comprados; de "produção", para os ativos gerados internamente (§24). Exemplos de ativos intangíveis adquiridos são o *goodwill* externo, e as licenças de *software* e propriedade industrial. Ativos intangíveis produzidos internamente resultam frequentemente de projetos de pesquisa e desenvolvimento. A NCRF 6 (§§50-51) estabelece que, para avaliar se um ativo intangível gerado internamente satisfaz os critérios de reconhecimento, uma entidade classifica a formação do ativo em fase de pesquisa; e fase de desenvolvimento; se não for possível distinguir as duas fases, considera-se como sendo fase de pesquisa.

A fase de pesquisa é definida como (§8) investigação original e planeada levada a efeito com a perspetiva de obter novos conhecimentos científicos ou técnicos. Nesta fase existem: atividades visando a obtenção de novos conhecimentos;

a procura de, avaliação e seleção final de, aplicações das descobertas de pesquisa ou de outros conhecimentos; a procura de alternativas para materiais, aparelhos, produtos, processos ou serviços; e a formulação, conceção, avaliação e seleção final de possíveis alternativas de materiais, aparelhos, produtos, processos, sistemas ou serviços novos ou melhorados (§54). Os dispêndios aqui não cumprem os critérios de reconhecimento de um ativo, devendo ser reconhecidos como gastos no período em que ocorrem (§53).

A fase de desenvolvimento é (§8) a aplicação das descobertas derivadas da pesquisa ou de outros conhecimentos a um plano ou conceção para a produção de materiais, mecanismos, aparelhos, processos, sistemas ou serviços, novos ou substancialmente melhorados, antes do início da produção comercial ou uso. Nesta fase as atividades são (§57): conceção, construção e teste de protótipos e modelos de pré-produção ou de pré-uso; conceção de ferramentas, utensílios, moldes e suportes envolvendo nova tecnologia; conceção, construção e operação de uma fábrica piloto que não seja de uma escala económica exequível para produção comercial; e conceção, construção e teste de uma alternativa escolhida para materiais, aparelhos, produtos, processos, sistemas ou serviços novos ou melhorados.

O §55 da NCRF 6 permite o reconhecimento de um ativo intangível proveniente de desenvolvimento se, e apenas se, uma entidade puder demonstrar tudo o que se segue:

- A viabilidade técnica de concluir o ativo intangível a fim de que o mesmo esteja disponível para uso ou venda;
- A sua intenção de concluir o ativo intangível e usá-lo ou vendê-lo;
- A sua capacidade de usar ou vender o ativo intangível;
- A forma como o ativo intangível gerará benefícios económicos futuros;
- A disponibilidade de adequados recursos técnicos, financeiros e outros para concluir o desenvolvimento e usar ou vender o ativo intangível; e
- A sua capacidade para mensurar fiavelmente o dispêndio atribuível ao ativo intangível durante a fase de desenvolvimento.

Na mensuração subsequente dos ativos intangíveis, a entidade económica pode optar entre continuar no modelo do custo (§72) ou passar para o modelo da revalorização (§§73-74).

Pelo modelo do custo um ativo intangível continua a ser escriturado pelo seu custo menos quaisquer amortizações acumuladas e quaisquer perdas por imparidade acumuladas. A amortização nos ativos intangíveis equivale à depreciação nos

AFT e é definida como a imputação sistemática da quantia amortizável de um ativo intangível durante a sua vida útil (§8).

Pelo modelo de revalorização, um ativo intangível deve ser escriturado por uma quantia revalorizada, que seja o seu justo valor à data da revalorização menos qualquer amortização acumulada subsequente e quaisquer perdas por imparidade acumuladas subsequentes; sendo que este modelo não permite: a) a revalorização de ativos intangíveis que não tenham sido previamente reconhecidos como ativos; ou b) o reconhecimento inicial de ativos intangíveis por quantias que não sejam o custo.

Uma entidade deve avaliar se a vida útil de um ativo intangível é ou finita ou indefinida (sem limite previsível para o período durante o qual se espera que o ativo gere influxos de caixa líquidos para a entidade) e, se for finita, a duração de, ou o número de unidades de produção ou de unidades similares constituintes dessa vida útil (NCRF 6, §86).

Um ativo intangível com uma vida útil finita é amortizado nos numa base sistemática durante a sua vida útil, devendo o método usado ser selecionado na base do modelo de consumo esperado dos futuros benefícios económicos incorporados no ativo. Os métodos de amortização admitidos incluem o método da linha reta, o método degressivo e o método das unidades de produção, sendo que, não conseguindo a entidade determinar o mais adequado, deve usar a linha reta. Para os ativos intangível com uma vida útil indefinida o período definido de amortização é 10 anos (NCRF 6, §§87, 95-96, 105).

O valor residual de um ativo intangível, por regra é zero, exceto se houver um compromisso de um terceiro de comprar o ativo no final da sua vida útil, ou haja um mercado ativo para o ativo e o valor residual possa ser determinado e seja provável que tal mercado exista no final da sua vida útil. Um valor residual diferente de zero implica que a entidade espera alienar o ativo intangível antes do fim da sua vida económica. Este valor residual deve ser revisto pelo menos, no final de cada ano; uma alteração do valor residual é contabilizada como uma alteração numa estimativa contabilística, de acordo com a NCRF 4 (NCRF 6, §§98-101). Os testes e determinação das perdas por imparidade em ativos intangíveis segue, tal como nos AFT, a *NCRF 12 – Imparidade de Ativos.*

Também semelhantes aos AFT são os critérios de desreconhecimento (NCRF 6, §§108-113).

Um ativo intangível deve ser desreconhecido mo momento da sua alienação, ou quando não se esperam futuros benefícios económicos do seu uso ou alienação.

O ganho ou perda decorrente (determinado como a diferença entre os proventos líquidos da alienação, se os houver, e a quantia escriturada do bem) deve ser incluído nos resultados quando o item for desreconhecido. O eventual ganho não deve ser classificado como rédito. As contas do Código de Contas do SNC a usar são: *7871 – Rendimentos e ganhos em investimentos não financeiros – Alienações*, em caso de ganho; *6871/3 – Gastos e perdas em investimentos não financeiros – Alienações/Abates*, em caso de perda.

A retribuição a receber pela alienação de um ativo intangível é reconhecida pelo seu justo valor.

Se o pagamento for diferido, a retribuição recebida é reconhecida inicialmente pelo equivalente ao preço do dinheiro. A diferença entre a quantia nominal da retribuição e o equivalente ao preço do dinheiro é reconhecida como rédito de juros de acordo com a *NCRF 20 – Rédito* (§112).

EXERCÍCIO 3.1[25]

A sociedade ECOPLÁSTICO, S.A. detém uma participação de 30% na sociedade RENTOPLÁS, S.A., adquirida em 2 de janeiro de N por 150 000 €. À data de aquisição, o capital próprio da sociedade RENTOPLÁS, S.A. tinha a seguinte composição, o qual coincidia com o justo valor dos ativos, passivos e passivos contingentes identificáveis naquela data:

Capital Próprio	N-1
Capital realizado (valor nominal de cada ação 1 euro)	200 000
Prémios de emissão	20 000
Reservas	
Legais	20 000
Outras Reservas	50 000
Excedentes de revalorização	30 000
Resultados transitados	(60 000)
Resultado líquido do período	30 000
Total do capital próprio	290 000

Durante o período de N, ocorreram as seguintes situações:

1. Em Assembleia geral realizada a 20 de março de N, foi aprovada a seguinte aplicação dos resultados líquidos de N-1:
   — cobertura dos prejuízos transitados pela utilização do excedente de revalorização, da reserve legal e de outras reservas;
   — constituição da reserve legal de acordo com a lei;
   — atribuição de dividendos de 10% do valor nominal de cada ação.
2. Aumento de capital por subscrição pública no valor de 50 000 €, sendo o prémio de emissão de 0,5 € calculado de forma a não prejudicar os actuais accionistas. Os actuais accionistas não exerceram o direito de preferência.
3. O resultado líquido de N foi de 10 000 €.

---

[25] Exercício adaptado de: Rodrigues, A., Carvalho, C., Cravo, D., Azevedo, G. (2015). SNC – Contabilidade Financeira: sua aplicação. Coimbra: Edições ALMEDINA.

PRETENDE-SE:

Admitindo que é o TOC da ECOPLÁSTICO, S.A., e que dispõe da informação supra, proceda aos lançamentos que entender necessários para relevar os factos ocorridos nessa sociedade à luz do SNC.

RESOLUÇÃO – EXERCÍCIO 3.1

Cálculos auxiliares:

Goodwill implícito = Custo aquisição – % (Justo valor dos ativos e passivos identificáveis)
= 150 000 – (30% × 290 000 €) = 63 000 €

valores em €

Descrição	Débito	*Valor*	Crédito	*Valor*	Notas
Aquisição da participação de capital	4121	*150 000*	12	*150 000*	
Atribuição de dividendos	264	*6 000*	4121	*6 000*	a)
Aumento de capital por nova subscrição	4121	*1 800*	5713	*1 800*	b)
Proporção no resultado líquido do período	4121	*2 400*	7852	*2 400*	c)
Reconhecimento da perda por imparidade no investimento	653	*63 000*	419	*63 000*	d)

NOTAS:

a) [(10% × 1 € × 200 000 ações) × 30%]

b) Determinação do valor que não prejudica os atuais acionistas:
Valor contabilístico de cada ação = (290 000 – 20 000) / 200 000 = 1,35 €.
Assim, se a emissão das ações fosse pelo montante de 1,35 €, não havia lugar a qualquer ajustamento nos investimentos financeiros da Ecoplástico. Como o valor de emissão foi de 1,5 € por ação, os participantes no capital da Rentoplás são beneficiados na mensuração dos seus investimentos financeiros no valor de 7500 € [(1,5 – 1,35) × 50 000].
A nova % de participação da ECOPLÁSTICO na participada é de:
= N.º ações detidas / n.º acções em circulação
= 30% × 200 000 / (200 000 + 50 000) = 24%
Variação nos investimentos financeiros = 24% × 7500 = 1800 €

c) (24% × 10 000 €)

d) Quantia escriturada do investimento = 150 000 – 6000 + 1800 + 2400 = 148 200 €
Justo valor da associada (admite-se = valor dos capitais próprios) = 290 000 – 20 000 + 75 000 + 10 000 = 355 000 €
24% × 355 000 € = 85 200 €.
Perda por imparidade do investimento = Quantia recuperável – Quantia escriturada = 148 200 – 85 200 = 63 000 €.
Conclui-se que o investimento financeiro está com uma perda por imparidade de 63 000 €, a qual deve ser reconhecida contabilisticamente através do seguinte registo

EXERCÍCIO 3.2[26]

A empresa Corridinho, Lda. adquiriu em 05/01/N um veículo pesado de mercadorias, com letra aceite a 90 dias, pelo valor de 120 000 €.

Calcula-se que no fim da sua vida útil, estimada em 5 anos, o veículo tenha percorrido 500 000 Kms e tenha um valor residual de 20 000 €.

PRETENDE-SE:

1. Quadro referente às depreciações sofridas pelo veículo, utilizando os seguintes métodos de depreciação:
   a) Método da linha reta;
   b) Método das quotas decrescentes, de acordo com o DR 25/2009, de 14 de setembro;
   c) Método das unidades de produção, sabendo que os Kms percorridos foram os seguintes:

   i.

N	N+1	N+2	N+3	N+4	N+5
150 000	80 000	100 000	130 000	110 000	20 000

   ii.

N	N+1	N+2	N+3
150 000	80 000	100 000	120 000

[26] Exercício adaptado de: Rodrigues, A., Carvalho, C., Cravo, D., Azevedo, G. (2015). SNC – Contabilidade Financeira: sua aplicação. Coimbra: Edições ALMEDINA.

RESOLUÇÃO – EXERCÍCIO 3.2

1. a) Método da linha reta

$$Q = \frac{120\ 000 - 20\ 000}{5} = 20\ 000\ €$$

Valores em €

Ano	Depreciação período	Depreciação acumulada	Quantia escriturada
N	20 000	20 000	100 000
N+1	20 000	40 000	80 000
N+2	20 000	60 000	60 000
N+3	20 000	80 000	40 000
N+4	20 000	100 000	20 000

b) Método das quotas decrescentes (*cf.* art. 6.º do DR 25/2009, de 14 de setembro).

J (taxa) = 1/n × 2 = 1/5 × 2 = 40%
Q1 = (120 000 – 20 000) × 40% = 100 000 × 40% = 40 000 €

Valores em €

Ano	Depreciação período	Depreciação acumulada	Quantia depreciável	Quantia escriturada
N	40 000	40 000	60 000	80 000
N+1	24 000	64 000	36 000	56 000
N+2	14 400	78 400	21 600	41 600
N+3	10 800[a]	89 200	10 800	30 800
N+4	10 800[a]	100 000	0	20 000

NOTA:

a) No ano N+3, a empresa abandonou a aplicação do método puro das quotas decrescentes, passando, a partir deste período e até ao final da vida útil do ativo, a aplicar a quota que resulta do quociente entre a quantia depreciável (no final de N+2, 21 600 €) e o número de anos de vida útil que falta decorrer (2 anos) (cf. n.º 2 do art. 6.º do DR 25/2009). Com efeito, e nos termos daquela disposição, a partir do período em que aquele quociente (10 800 €) for superior ao valor que resultaria da aplicação pura do método (= 21 600 € × 40% = 8640 €), é aquele o considerado para efeitos do reconhecimento do gasto de depreciação do período. Ressalva-se, contudo, o designado princípio das quotas mínimas (cf. n.º 4 do art. 6.º do DR 25/2009) de acordo com o qual aquele procedimento só será adotado caso a quota mínima de depreciação for inferior àquele montante.

c) Método das unidades de produção

$$\text{Custo por Km} = \frac{120\,000 - 20\,000}{5} = 0{,}2\ €$$

i)

Valores em €

Ano	Depreciação período	Depreciação acumulada	Quantia escriturada
N	30 000	30 000	90 000
N+1	16 000	46 000	74 000
N+2	20 000	66 000	54 000
N+3	26 000	92 000	28 000
N+4	6 765[b]	98 765	21 235
N+5	1 235	100 000	20 000

NOTA:

b) No ano N+4, o total de Kms percorridos é superior em 70 000 kms ao número total de Kms estimados. Deste modo, e admitindo que o não fez antes, neste período a empresa terá de efetuar uma alteração na estimativa do número total de Kms de utilização da viatura. Nesta data a empresa estará, em princípio, em condições de situar a nova estimativa num valor aproximado de 590 000 Kms (número de Kms efetivos percorridos durante o período de vida útil, ou seja, até N+5). Admitindo que a revisão da estimativa dos Kms totais a percorrer é de 590 000 Kms, em N+4 o novo custo por Km é:

$$\frac{\text{Quantia depreciável remanescente}}{\text{Total de Kms estimados a percorrer}} = \frac{28\,000 - 20\,000}{130\,000} = 0{,}0615\ €$$

Assim, a depreciação do período N+4 = 0,0615 × 110 000 = 6765 €.
Como se pode verificar, os efeitos da alteração da estimativa do número total de Kms a percorrer afeta prospectivamente os resultados (anos N+4 e N+5), não se tendo que regularizar quaisquer resultados de anos anteriores. Este procedimento cumpre, pois, com o tratamento preconizado na NCRF 4 para as alterações de estimativas.

ii)

Valores em €

Ano	Depreciação período	Depreciação acumulada	Quantia escriturada
N	30 000	30 000	90 000
N+1	16 000	46 000	74 000
N+2	20 000	66 000	54 000
N+3	34 000[c]	100 000	20 000

NOTA:

c) Ao contrário do que estava inicialmente previsto, o total de Kms percorridos durante a vida útil da viatura (neste caso, 4 anos apenas) é inferior em 50 000 kms ao número total de Kms estimados. Deste modo, a empresa reconheceu durante os 3 primeiros anos menores gastos do que o efetivo desgaste económico do ativo, devendo neste período (admitindo que não o fez antes e que não há alteração na estimativa do valor residual) efetuar uma alteração na estimativa do número total de Kms de utilização da viatura. Assim, a depreciação do período N+3, último ano de vida útil, será o remanescente da quantia depreciável, ou seja, 34 000 € (54 000 - 20 000).
Uma vez mais, o efeito da alteração da estimativa do número total de Kms a percorrer afeta prospectivamente os resultados (ano N+3), não tendo de se regularizar quaisquer resultados de anos anteriores. Este procedimento cumpre, como já referido, com o tratamento preconizado na NCRF 4 para as alterações de estimativas.

EXERCÍCIO 3.3

A sociedade JUSTEZA, S.A. possui um edifício onde estão instalados os seus serviços administrativos. No final do período N+3 (após a depreciação do período), obteve-se a seguinte informação:

- A quantia escriturada do edifício é de 1 260 000 €, a qual foi obtida a partir de um custo de aquisição suportado há 3 anos de 1 800 000 €;
- A empresa procedeu, em finais de N+3, à adoção do modelo de revalorização para a mensuração dos imóveis;
- As depreciações têm vindo a ser calculadas segundo o método da linha reta;
- O justo valor do ativo, determinado por um avaliador independente, ascende a 2 100 000 €, e o seu valor de uso é de 2 200 000 €.

Admita que a empresa vendeu o edifício no início do período N+6, tendo recebido a respetiva importância em cheque, por 1 250 000 €.

PRETENDE-SE:

1. Discutir a solução da questão proposta, quanto aos aspetos relativos ao período N+3, à luz das disposições do SNC.
2. Registar a depreciação do ano N+4.
3. Registar a operação de venda no período N+6.

RESOLUÇÃO – EXERCÍCIO 3.3

1.

Cálculos auxiliares:

No final do período N+3:

— Quantia escriturada = 1 260 000 €
— Custo de aquisição (há 3 anos) = 1 800 000 €
— Método de depreciação = Linha reta
— Justo valor do ativo = 2 100 000 € (o valor de uso não tem relevância para efeitos de revalorização)
— Tratamento das Dep. Acumuladas: eliminada contra quantia escriturada bruta (aconselhável para edifícios, conforme alínea b) do § 36 da NCRF 7)
— Excedente de revalorização = J. valor – Q. escriturada = 2 100 000 € – 1 260 000 € = 840 000 €

Revalorização no período n+3:

Depreciações acumuladas = 1 800 000 € – 1 260 000 € = 540 000 €

Valores em €

Descrição	Débito	Valor	Crédito	Valor	Notas
Desreconhecimento das depreciações acumuladas	438	*540 000*	432	*540 000*	
Reconhecimento do excedente de revalorização	432	*840 000*	589	*840 000*	

2.

Cálculos auxiliares:

Quantia escriturada a depreciar = 2 100 000 €

Número de anos de vida útil remanescente:

— Vida útil estimada = (1 800 000 € 3 anos) /540 000 € = 10 anos
— Vida útil estimada remanescente = 10 anos – 3 anos = 7 anos
— Depreciação do período 4 = 2 100 000 €/7 anos = 300 000 €
— Realização do excedente de revalorização = 840 000 €/7 = 120 000 €

Valores em €

Descrição	Débito	*Valor*	Crédito	*Valor*	Notas
Pela depreciação do período N+4	642	*300 000*	438	*300 000*	
Pela realização parcial do excedente de revalorização	589	*120 000*	56	*120 000*	

3.

Cálculos auxiliares:

Valor de venda = 750 000 €
Quantia escriturada bruta = 2 100 000 €
Depreciações acumuladas = 2 100 000/7 * 2 = 600 000 €
Quantia escriturada líquida = 2 100 000 € – 600 000 € = 1 500 000 €
Menos-valia = 1 250 000 € – 1 500 000 € = (250 000) €
Realização do excedente de revalorização = 840 000 € – (120 000 € × 2) = 600 000 €

Valores em €

Descrição	Débito	*Valor*	Crédito	*Valor*	Notas
Pelo desreconhecimento do edifício	6871	*2 100 000*	432	*2 100 000*	
Pelo desreconhecimento das depreciações acumuladas	438	*600 000*	6871	*600 000*	
Pelo recebimento do valor da venda do imóvel	12	*1 250 000*	6871	*1 250 000*	
Realização do remanescente excedente de revalorização	589	*600 000*	56	*600 000*	

EXERCÍCIO 3.4

A sociedade Rebola, Lda. adquiriu um equipamento industrial por 150 000 € no ano N, o qual tem vindo a ser depreciado linearmente, sendo a sua vida útil de 15 anos. Em 2/1/N+10 a empresa resolveu adotar o modelo de revalorização para a mensuração do equipamento, tendo-se apurado que, nesta data, o seu justo valor está estimado em 60 000 €.

PRETENDE-SE:

Lançamentos relativos à revalorização do equipamento e ao cálculo da depreciação do período N+10, ignorando quaisquer efeitos nos impostos diferidos, pressupondo que a empresa adotou no tratamento das depreciações acumuladas à data da revalorização o método do custo de reposição depreciado.

RESOLUÇÃO – EXERCÍCIO 3.4

Cálculos auxiliares:

Determinação do índice = $\frac{60\ 000}{50\ 000} = 1{,}2$

Custo do equipamento revalorizado = 150 000 × 1,2 = 180 000 € (aumento em 30 000 €) Depreciações acumuladas revalorizadas = 100 000 × 1,2 = 120 000 € (aumento em 20 000 €) Excedente de revalorização = (180 000 – 150 000) – (120 000 – 100 000) = 10 000 €

Valores em €

Descrição	Débito	Valor	Crédito	Valor	Notas
Pela atualização da quantia bruto do ativo	433	30 000	589	30 000	
Pela atualização das depreciações acumuladas	589	20 000	438	20 000	

Depreciação do período N+10 = 180 000 €/15 anos = 12 000 €

EXERCÍCIO 3.5

Contabilize no razão as operações seguintes, relativas à empresa ABC, S.A.:

1. Aquisição, em julho de N-4, de um armazém para uso na atividade da empresa, por 120 000 €, com despesas de escritura de 1500 €. A empresa estimou uma vida útil de 20 anos para o armazém, utilizando o método de depreciação da linha reta. O pagamento foi efetuado por cheque.
2. Em dezembro do ano N+5, após consideração da depreciação anual, o justo valor do armazém era de 85 000 €, pelo que a empresa decidiu proceder à sua revalorização, usando o método do valor corrente de mercado.
3. Em dezembro de N+6 procedeu à respetiva depreciação do exercício.
4. Em maio de N+7 a empresa chega à conclusão que não precisa mais do armazém para a sua atividade, decidindo arrendá-lo, já a partir de junho, a uma outra empresa que já tinha um armazém adjacente. A 31/05/N+7 o justo valor do armazém da ABC, S.A. era de 80 000 €.
5. Em setembro de N+8 a empresa arrendatária propõe comprar o armazém por 75 000 €, tendo a ABC, S.A. aceite a proposta. O negócio foi imediatamente efetuado, tendo o recebimento ocorrido por transferência bancária. O justo valor do armazém em 31/12/N+7 era de 78 000 € e em 31/08/N+8 era de 73 000 €.

RESOLUÇÃO – EXERCÍCIO 3.5

Valores em €

N.º	Descrição	Débito	Valor	Crédito	Valor	Notas
1.	Aquisição de AFT (julho de N–4)	432	*121 500*	12	*121 500*	a)
2.	Revalorização pelo valor corrente de mercado (dezembro de N+5)	4382	*60 750*	432	*60 750*	b)
		432	*24 250*	589	*24 250*	
3.	Depreciação anual (dezembro N+6) e realização do excedente	6422	*8 500*	4382	*8 500*	c)
		589	*2 425*	56	*2 425*	
4.	Arrenda armazém (maio de N+7)	4382	*8 500*	432	*8 500*	d)
		432	*3 500*	589	*3 500*	
	Transferência para Propriedade de Investimento	422	*80 000*	432	*80 000*	
	Realização do remanescente do excedente de revalorização	589	*25 325*	56	*25 325*	
5.	Perda de justo valor	663	*5 000*	422	*5 000*	e)
	Alienação (setembro de N+8)	7871	*73 000*	422	*73 000*	
		12	*75 000*	7871	*75 000*	

NOTAS:

a) O custo de aquisição inclui as despesas
120 000 € + 1500 € = 121 500 €
Vida útil do ativo = 20 anos
Método de depreciação da linha reta
Depreciação anual = 121 500 € / 20 = 6075 €/ano

b) Dezembro de N+5 (após depreciação anual)
Justo valor = 85 000 €
Depreciações acumuladas (N–4 até N+5) = 10 anos * 6075 € = 60 750 €
Quantia escriturada = 121 500 € – 60 750 € = 60 750 €
Excedente de revalorização = 85 000 € – 60 750 € = 24 250 €

c) Depreciação anual = 85 000 € / 10 anos* = 8500 €
*10anos de vida útil remanescente (20 anos de vida útil e 10 anos já decorridos)
Realização do excedente = 24 250 € / 10 anos = 2425 €

d) Justo valor em 31/05/N+7 = 80 000 €
Aumento de justo valor = 3500 €
Quantia escriturada em 31/05/N+7 = 85 000 € – 8500 € (depreciação em N+6) = 76 500 €
Remanescente do Excedente de Realização = 24 250 € – 2425 € + 3500 € = 25 325 €

e) Justo valor em 31/12/N+7 = 78 000 €, em finais de N+7 verificou-se uma perda de justo valor em 2000 €
Justo valor em 31/08/N+8 = 73 000 €, verificou-se uma perda de 5000 €.

Alienação por 75 000 € (valor de venda)
Justo Valor = 73 000 €, logo a mais-valia na alienação foi de 2000 € (75 000 € – 73 000 €)

EXERCÍCIO 3.6

A sociedade Investiga-lento, S.A. tem como objeto social o desenvolvimento de software de máquinas industriais. No período de N, a administração da empresa decidiu conceber um projeto próprio visando criar uma consola com um objetivo tecnológico específico, que passaria a produzir e a comercializar com marca própria. Para prosseguir esse objetivo iniciou nesse mesmo ano os estudos de viabilidade económica e financeira.

Em 30/06/N+1 a sociedade conseguiu demonstrar que tecnicamente o projeto era exequível e tinha viabilidade económica e, também, que existia mercado para o produto a desenvolver.

No final do período de N+2, a conta 454 – Ativos intangíveis em curso (referente ao projeto em curso) apresentava um saldo de 700 000 €. Neste valor estavam incluídos 300 000 € correspondentes a despesas incorridas até 30/06/N+1 e 100 000 € de despesas incorridas durante o segundo semestre de N+1.

Em 30 de Setembro de N+3, data de conclusão do projeto, o saldo daquela conta ascendia a 1 200 000 €.

PRETENDE-SE:

Registos contabilísticos que a entidade deveria ter efetuado relativamente ao reconhecimento dos dispêndios incorridos de N a N+3. Fundamente, adequadamente, cada um desses registos.

RESOLUÇÃO – EXERCÍCIO 3.6

Valores em €

Descrição	Débito	Valor	Crédito	Valor	Notas
Pelos gastos de pesquisa incorridos	6xxx	*300 000*	12	*300 000*	a)
Pelos dispêndios de desenvolvimento incorridos em N+1	454	*100 000*	742	*100 000*	b)
Pelos dispêndios de desenvolvimento incorridos em N+2	454	*300 000*	742	*300 000*	c)
Pelos dispêndios de desenvolvimento incorridos em N+3	454	*500 000*	742	*500 000*	d)
Conclusão do projeto de desenvolvimento em 30/9/N+3	442	*900 000*	454	*900 000*	e)

NOTAS:

a) Todos os dispêndios realizados até 30/6/N+1, e que ascenderam a 300 000 €, configuram despesas de pesquisa e devem ser reconhecidas como gastos do período em que foram incorridos (N e N+1), não devendo ser reconhecidos na conta 454 – Ativos intangíveis em curso, como o fez incorretamente a entidade.

b) Todos os dispêndios suportados pela entidade, desde aquela data e até à conclusão do projeto, que ocorreu em 30/9/N+3, devem, se mantido o cumprimento das condições de reconhecimento do projeto de desenvolvimento, ser acrescidas à conta 454 – Ativos intangíveis em curso.

c) Dispêndios incorridos em N+2 = 700 000 € – 300 000 € – 100 000 € = 300 000 €.

d) Dispêndios incorridos em N+3 = 1 200 000 € – 300 000 € – 100 000 € – 300 000 € = 500 000 €

e) Total dos dispêndios capitalizados = Saldo da conta 454 em 30/9/N+3 = 900 000 €.

EXERCÍCIO 3.7

A sociedade PITOSGA, Lda. decidiu alienar em 30 junho de N, mediante um plano publicamente divulgado, uma patente que lhe permitiria produzir um creme facial à base de baba de caracol.

A patente foi adquirida por 300 000 € e a amortização acumulada em 1 janeiro de N ascendia a 60 000 €. O período de vida útil inicialmente estimado para a patente foi de 10 anos, a qual tem sido amortizada linearmente.

A venda da patente apenas foi concretizada em 28 abril de N+1, por um valor de 520 000 €, tendo até esta data a entidade continuado a utilizar a patente na fabricação do creme facial.

PRETENDE-SE:

Registe as operações relativas à patente, nos períodos N e N+1, à luz do SNC.

RESOLUÇÃO – EXERCÍCIO 3.7

Valores em €

Descrição	Débito	Valor	Crédito	Valor	Notas
Pela amortização do período N	643	30 000	448	30 000	a)
Pelo desreconhecimento da patente	7871	300 000	444	300 000	
Pelo desreconhecimento das amortizações acumuladas	448	90 000	7871	90 000	
Pelo recebimento do valor da venda do imóvel	12/278	520 000	7871	520 000	b)

NOTAS:

a) Amortização anual = 300 000€/10 = 30 000 €.

b) Ganho = V.venda – Q. escriturada = 520 000 – (300 000 – 90 000) = 520 000 – 210 000 = 310 000 €.

EXERCÍCIO 3.8

A PROPRIK, Lda. é uma sociedade comercial que exerce a sua atividade na zona industrial do Sirubu de Baixo. Quando se instalou, no início de setembro de N-8, a entidade adquiriu dois armazéns contíguos: um para servir de suporte ao desenvolvimento da sua atividade e o outro para arrendamento a terceiros. O preço de compra de cada um dos armazéns foi de 145 000 €, tendo a empresa pago 10 000 € com o registo comercial e o IMT dos dois armazéns. O preço de aquisição desses armazéns não envolvia o terreno sobre o qual tinham sido construídos os armazéns, pois o vendedor dispunha de um direito de superfície resultante de um contrato celebrado com o seu primo Bilos Férés, proprietário do dito terreno.

A PROPRIK, Lda. adota o modelo do custo para o armazém afeto à sua atividade, depreciando-o com base no método da linha reta. O armazém arrendado tem sido mensurado segundo o modelo do justo valor, socorrendo-se, para o efeito de um avaliador profissionalmente qualificado e independente. O período de vida útil estimado de ambos os armazéns é de 24 anos.

A atividade da PROPRIK, Lda. tem registado um forte crescimento nos últimos anos, de tal modo que o armazém onde desenvolve a atividade tem sido manifestamente insuficiente para as atuais necessidades da entidade. Assim, a sociedade opôs-se à renovação do contrato de arrendamento do outro armazém e, com a antecedência mínima prevista na lei, informou o arrendatário dessa sua decisão.

O contrato caducou no final do mês de abril de N e, logo no início de maio, o armazém foi afetado à atividade comercial da PROPRIK, Lda.

A evolução do justo valor de cada um dos armazéns foi a seguinte:

31/12/N-2	31/12/N-1	1/5/N	31/12/N
120 000 €	130 000 €	124 000 €	120 000 €

PRETENDE-SE:

Apresentar, fundamentadamente, os registos contabilísticos dos factos patrimoniais ocorridos em N-8, N-1 e N, quanto ao armazém arrendado, à luz do SNC.

EXERCÍCIO 3.9

Contabilize no razão as operações que lhe suscitam os seguintes acontecimentos, relativos à sociedade CAFÉ FORTE, S.A.:

1. Alienação, durante o ano N, de um veículo comercial por 6000 € (transferência bancária), que havia sido adquirido em N-2 por 25 000 €. A sociedade procede à depreciação deste ativo pelo método das unidades de produção. Sabe-se ainda que foi estimado um valor residual de 5000 € para este veículo, o número de km estimados para a sua vida útil de 5 anos era de 400 000 km e que já foi reconhecido contabilisticamente a depreciação relativa ao percurso de 250 000 km. Esta alienação deu lugar à liquidação de IVA a 23%.
2. O edifício onde está instalada a sede desta sociedade foi avaliado, em dezembro de N, por um avaliador independente, em 225 000 €. Como a quantia escriturada deste imóvel corresponde a 150 000 €, após consideração da respetiva depreciação anual, a sociedade decidiu revalorizar o mesmo usando o método do valor corrente de mercado. Este ativo, adquirido em N-4, tem uma vida útil estimada de 20 anos e tem vindo a ser depreciado pelo método da linha reta. <u>Calcule</u> ainda quanto será o novo valor da depreciação anual a partir de N+1 e qual será o valor da proporção do excedente de revalorização a realizar anualmente.

3. Foi decidido fazer, durante o ano N, uma renovação de todo o equipamento de armazenagem de café com a robotização do mesmo, de forma a controlar os inventários automaticamente. O engenheiro informático da empresa tem vindo a trabalhar neste projeto, aos fins-de-semana, por forma a avaliar a viabilidade de desenvolver todo o projeto internamente. Estas tarefas foram pagas por cheque no valor de 4120 € – recibo verde relativo a honorários (IVA à taxa de 23% e retenção na fonte de IRS à taxa de 20%).
4. A sociedade Café Forte, S.A. detém uma participação de 30% na Roça Santa Margarida, S.A., adquirida este ano por 70 000 €. Na data de aquisição, esta compra foi reconhecida contabilisticamente com base no valor do capital próprio da participada de 200 000 €, que coincidia com o justo valor dos seus ativos, passivos e passivos contingentes. Sabe-se que no final do ano a Roça Santa Margarida, S.A. efetuou a reavaliação de alguns ativos tendo sido reconhecido um excedente de revalorização de 30 000 €.
5. No final do ano, o espaço comercial do centro comercial Fina Flor, que a Café Forte, S.A. tem arrendado a terceiros e reconhecido contabilisticamente por 40 000 €, foi avaliado por 55 000 €.

EXERCÍCIO 3.10

A empresa TRICANAR – Automóveis, Lda. tem sede em Coimbra e dedica-se à comercialização de viaturas ligeiras de passageiros de várias marcas com forte implantação no mercado. Durante o mês de dezembro de N realizou, entre outras, as seguintes operações:

1. Dada a atividade atípica da Tricanacar, acordou a gerência com os seus trabalhadores que as férias só seriam gozadas, por todos os trabalhadores, em dezembro de cada ano. Na linha dessa política, procedeu-se ao processamento das férias e do subsídio de férias do pessoal, no valor total de 186 145 € (inclui 25% relativos a encargos). O IRS retido à taxa média é de 12%. Encargos para a Segurança Social: por conta do trabalhador – taxa de 11%; por conta da entidade patronal: taxa de 23,75%. Proceda ao registo deste processamento.
2. A empresa possui um edifício onde estão instalados os seus serviços administrativos. No final do ano N, após a depreciação do período, a quantia

escriturada do edifício é de 1 260 000 €, a qual foi obtida a partir de um custo de aquisição suportado há 3 anos de 1 800 000 € e tem vindo a ser depreciado linearmente. No final deste ano N, a empresa procedeu à revalorização deste edifício. O justo valor do ativo, determinado por um avaliador independente, ascende a 2 100 000 €. Proceda ao registo da revalorização do edifício no final deste ano N, de acordo com o método do valor corrente de mercado.

3. A empresa decidiu alienar em novembro de N, por um valor de 520 000 €, o direito de uso de uma patente que permite aos veículos que comercializa a poupança em termos de consumo de combustível e a redução das emissões de dióxido de carbono, obtendo assim uma condução Eco-Driving. A patente foi adquirida por 300 000 € e a amortização acumulada em 01 de janeiro de N ascendia a 60 000 €. Proceda ao registo desta alienação.
4. A empresa adquiriu, em setembro de N, por transferência bancária, um imóvel usado para arrendamento, cujo custo de aquisição inicial foi de 120 000 € (incluindo o valor da escritura) e para o qual se prevê uma vida útil de 20 anos. A entidade pretende mensurar o imóvel pelo modelo do justo valor. Apesar de não existirem preços correntes no mercado para propriedades semelhantes, a entidade conseguiu projetar o valor das rendas futuras a obter da locação desse prédio urbano, tendo por base o valor atual das rendas, ajustada pela atualização estimada das mesmas ao longo do período de vida útil remanescente. A entidade espera que esse valor seja acordado com o seu arrendatário. De acordo com um modelo matemático de projeção dos fluxos de caixa futuros descontados, foi possível determinar o justo valor da propriedade em 31/12/N no montante de 137 335 €. Proceda ao registo da aquisição do imóvel, bem como ao ajustamento do seu valor, considerando o modelo de mensuração após o reconhecimento.
5. Em reunião extraordinária da Assembleia Geral, foi decidido pelos seus quatro sócios que iriam emprestar à sociedade, por um ano, 10 000 €/cada. Foi acordado que o referido empréstimo seria a título gratuito. Os sócios entregaram nessa data os seus cheques pessoais, dando assim cumprimento à deliberação da Assembleia Geral. Proceda ao registo destes suprimentos.

CAPÍTULO 4

—

FECHO DE CONTAS E DEMONSTRAÇÕES FINANCEIRAS

Os exercícios neste capítulo abrangem particularmente os trabalhos de fim de período conducentes ao enceramento das contas anuais das entidades e à preparação das demonstrações financeiras de síntese. Versam especialmente sobre:

- Os trabalhos de fim de período
- O Balanço (NCRF 1)
- A Demonstração dos Resultados (por natureza e por funções) (NCRF 1)
- A Demonstração dos Fluxos de Caixa (NCRF 2)
- A Demonstração das Alterações no Capital Próprio (NCRF 1)
- O Anexo (NCRF 1)

Bibliografia

Borges, A., Rodrigues, A., Rodrigues, R. (2014). *Elementos de contabilidade geral*. (2.ª ed.), Lisboa: Áreas Editora.

SNC – Sistema de Normalização Contabilística, Decreto-lei n.º 98/2015 de 2 de junho [Código de Contas – Portaria n.º 218/2015, de 23 de julho; Demonstrações Financeiras – Portaria n.º 220/2015, de 24 de julho; Estrutura Concetual – Aviso n.º 8254/2015, de 29 de julho; NCRFs regime geral – Aviso n.º 8256/2015, de 29 de julho].

O fim de período nas entidades económicas implica um conjunto de trabalhos do ponto de vista contabilístico, que fogem à rotina dos trabalhos contabilísticos correntes. O objetivo é conduzir à preparação das demonstrações financeiras de síntese, que são designadamente (Decreto-lei n.º 98/2015, 2 de junho e NCRF 1 e NCRF 2): o Balanço, as Demonstrações dos Resultados (naturezas e funções), a Demonstração das Alterações no Capital Próprio – DACP (micro e pequenas entidades estão dispensadas), a Demonstração dos Fluxos de Caixa – DFC (micro e pequenas entidades estão dispensadas), e o Anexo (microentidades estão dispensadas).

Os chamados "trabalhos de fecho de contas" ocorrem nos primeiros meses do ano seguinte àquele a que as demonstrações financeiras respeitam, sendo que, de acordo com a legislação comercial, nas entidades societárias têm que aprovar as demonstrações financeiras em assembleias gerais a decorrer em abril de N+1, e o reporte fiscal do rendimento tributável, para efeitos de apuramento do IRC, decorrem durante o mês de maio de N+1.

A Figura 6 resume o ponto de partida e sequência dos trabalhos conducentes ao fecho das contas anuais de uma entidade económica.

Figura 6. Trabalhos de fim de período

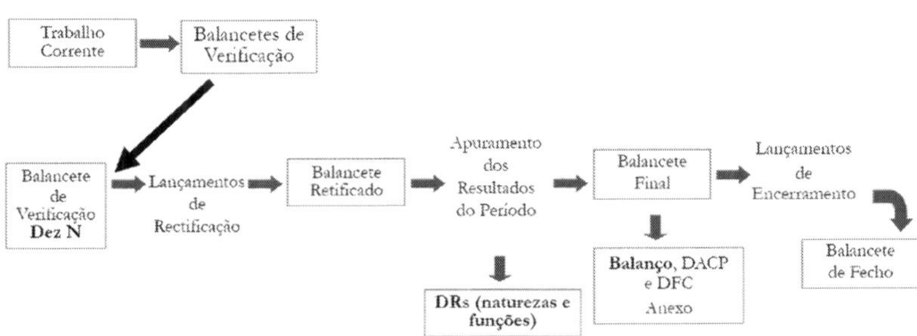

Em regra, os trabalhos contabilísticos correntes, durante o ano sintetizam-se em doze balancetes de verificação mensais que, como o nome indica, verificam os registos contabilísticos. O ponto de partida para os trabalhos de fim de período é o balancete de verificação de dezembro. Num décimo terceiro mês de lançamentos refletidos no décimo terceiro balancete (designado de "retificado"), procede-se a um conjunto de lançamentos de retificação próprios do final do ano, entre os quais:

- Diferenças de câmbio, resultantes da atualização dos valores em moeda estrangeira, às taxas de câmbio de 31 de dezembro, nomeadamente, de meios financeiros líquidos, clientes, fornecedores e financiamentos;
- Acréscimos e diferimentos, no ativo – devedores por acréscimos de rendimentos (conta 2721); gastos a reconhecer (conta 281); passivo – credores por acréscimos de gastos (conta 2722); rendimentos a reconhecer (conta 282);
- Imparidades e provisões, nomeadamente procedendo ao reconhecimento/reforço – aumento de gastos (contas 65/67) e reduções de ativos (terceiros, inventários e investimentos – contas xx9) e aumentos de passivo (conta 29); ou à redução/ /anulação (reversão) – aumento de rendimentos (contas 762/763) e aumentos de ativos (terceiros, inventários e investimentos – contas xx9 e diminuições de passivos (conta 29);
- Alterações do justo valor de ativos – perdas (conta 66) e ganhos (conta77);
- Depreciações (AFT) e amortizações (intangíveis), com registo da quota atual (vários critérios), usando o método indireto, com subcontas de gastos (contas 641/642/643) por depreciação e amortizações dos ativos (contas 428/438/448); reversões de depreciações e amortizações são rendimentos (conta 761);
- Retificação dos inventários (em SII), por transferência de compras e regularização de inventários; cálculo e registos do CMVMC e da Variação da Produção; e
- Outras correções (e.g., contagem de caixa e bancos – conciliação bancária; verificação sados de clientes e fornecedores e saldos contrários à sua natureza).

A partir do balancete retificado, procede-se ao apuramento dos resultados do período conforme ilustrado na Figura 7. Neste apuramento estão envolvidas todas as contas da Classe 6 (gastos), Classe 7 (rendimentos) e Classe 8 (resultados). É nesta última em particular que, de acordo com o Código de Contas do SNC, se apura o resultado líquido do período, podendo também ser utilizada para auxiliar a determinação do resultado extensivo, tal como consta na Demonstração de Alterações no Capital Próprio. O resultado extensivo (ou integral), segundo a NCRF 1 (§40), consiste no somatório do resultado líquido apurado no fecho de contas, e apresentado na Demonstração dos Resultados, mais variações patrimoniais positivas e negativas que representam ganhos e perdas reconhecidos diretamente no capital próprio, não diretamente relacionadas com os detentores de capital.

Para o apuramento dos resultados, os gastos e perdas, tal como na Demonstração dos Resultados, são organizados em operacionais e financeiros, sendo apurados resultados operacionais (antes e depois de depreciações e amortizações), resultados antes de impostos e resultados líquidos.

Figura 7. Apuramento dos resultados do período

As contas de gastos e rendimentos vão sendo sucessivamente saldadas para as contas de resultados, de tal modo que, no final do processo, apenas a conta de resultado líquido do período apresenta saldo: devedor (resultado negativo) ou credor (resultado positivo).

Ao chegar ao resultado antes de impostos e, em geral, quando este é positivo (saldo credor na respetiva conta), a entidade económica procede à estimativa de imposto sobre o rendimento, por aplicação àquele valor, da taxa de IRC (e Derrama) em vigor. O imposto sobre o rendimento estimado reduz o resultado antes de impostos, pelo que deve ser creditado na respetiva conta da Classe 8 reservada para o efeito. Pode haver circunstâncias em que a entidade pode estimar imposto sobre o rendimento, mesmo com o resultado antes de impostos negativo, quando há impostos diferidos de períodos anteriores e quando sabe que haverão correções fiscais ao resultado contabilístico para apurar o lucro tributável. Os lançamentos de apuramento do resultado líquido são efetuados no mês catorze de registo, dando lugar ao décimo quarto balancete, o balancete final, onde todas as contas de gastos, rendimentos e resultados estão saldadas, à exceção da conta de resultado líquido do período.

Após apuramento dos resultados do período, há que elaborar as Demonstrações dos Resultados. A Figura 8 apesenta o modelo de Demonstração dos Resultados por naturezas, a ser apresentado pelas empresas sujeitas ao regime geral do SNC, de acordo com a Portaria n.º 220/2015, de 24 de julho.

Figura 8. Demonstração dos Resultados por naturezas

Entidade: ....

Demonstração (individual/consolidada) dos resultados por naturezas

Período findo em XX de YYYYYYY de 20NN

Unidade monetária (1)

Rendimentos e gastos	Notas	Períodos	
		N	N - 1
Vendas e serviços prestados		+	+
Subsídios à exploração		+	+
Ganhos/perdas imputados de subsidiárias, associadas e empreendimentos conjuntos		+ / -	+ / -
Variação nos inventários da produção		+ / -	+ / -
Trabalhos para a própria entidade		+	+
Custo das mercadorias vendidas e das matérias consumidas		-	-
Fornecimentos e serviços externos		-	-
Gastos com o pessoal		-	-
Imparidade de inventários (perdas/reversões)		- / +	- / +
Imparidade de dívidas a receber (perdas/reversões)		- / +	- / +
Provisões (aumentos/reduções)		- / +	- / +
Imparidades de investimentos não depreciáveis/amortizáveis (perdas/reversões)		- / +	- / +
Aumentos/reduções de justo valor		+ / -	+ / -
Outros rendimentos		+	+
Outros gastos		-	-
Resultado antes de depreciações, gastos de financiamento e impostos		=	=
Gastos/reversões de depreciação e de amortização		- / +	- / +
Imparidade de investimentos depreciáveis/amortizáveis (perdas/reversões)		- / +	- / +
Resultado operacional (antes de gastos de financiamento e impostos)		=	=
Juros e rendimentos similares obtidos		+	+
Juros e gastos similares suportados		-	-
Resultado antes de impostos		=	=
Imposto sobre o rendimento do período		- / +	- / +
Resultado líquido do período		=	=

O resultado operacional ou económico respeita fundamentalmente aos "excedentes" (positivos ou negativos) obtidos na atividade principal da entidade, ou seja, aquela a que corresponde o seu principal negócio e para o qual os seus recursos foram canalizados. É a diferença entre rendimentos e gastos operacionais, derivados do exercício das atividades normais de produção e venda de bens e prestação de serviços. Permite evidenciar a capacidade do negócio da empresa para gerar excedentes, independentemente da forma de financiamento dos seus ativos. O resultado financeiro constitui os "excedentes" (positivos ou negativos) decorrentes de decisões financeiras, quer no que concerne a aplicações e a investimentos financeiros, quer no que respeita ao financiamento das suas necessidades. É calculado por diferença entre os rendimentos e os gastos e os ganhos e perdas associados ao financiamento e às restantes operações financeiras da entidade.

A seguir procede-se à elaboração do Balanço, também com os dados do balancete final, procedendo-se também à elaboração das outras demonstrações – DFC, DACP e Anexo. A Figura 9 apresenta um resumo do modelo de Balanço, a ser preparado pelas empresas sujeitas ao regime geral do SNC, a partir do modelo apresentado na Portaria n.º 220/2015, de 24 de julho.

Figura 9. Balanço

Sociedade ABC, Lda.
Sede: ....
NIPC, Matrícula CRC ....
Balanço individual em 31 de Dezembro Unidade monetária: Euros

Rubricas	Notas	Datas	
		31 Dez N	31 Dez N-1
ACTIVO			
Activo não corrente			
....			
....			
Activo corrente			
....			
....			
Total do Activo			
CAPITAL PRÓPRIO E PASSIVO			
Capital próprio			
....			
....			
Total do capital próprio			
Passivo			
Passivo não corrente			
....			
....			
Passivo corrente			
....			
....			
Total do passivo			
Total do capital próprio e do passivo			

O Balanço mostra a posição financeira da entidade no final de cada período de relato, resultante do relacionamento entre ativo e o passivo. Esta posição líquida é dada, como se viu no Capítulo 1, pelo capital próprio, que pode, assim, ser visto como um "resíduo" no Balanço, mas cujo detalhe da sua composição é relevante para os utentes tomarem decisões e para refletir os diferentes direitos dos detentores de capital. O capital próprio é composto por: fundos contribuídos pelos acionistas (nomeadamente os designados de "capital"), resultados transitados, reservas (legais, estatutárias e outras reservas) que representam apropriações de resultados transitados, mas não são gastos, e reservas que representam ajustamentos de manutenção do capital, como sejam os excedentes de revalorização ou os ajustamentos em investimentos financeiros ao MEP.

A DACP mostra as alterações no capital próprio entre duas datas de balanço, refletindo o aumento ou a redução nos ativos líquidos da entidade durante o período, e que incluem:

- A quantia total de rendimentos e gastos, gerada pelas atividades da entidade durante esse período, quer os rendimentos e gastos tenham sido reconhecidos nos resultados ou diretamente como alterações no capital próprio; e
- As alterações resultantes de transações com detentores de capital próprio agindo na sua capacidade como tal (contribuições de capital, reaquisição de instrumentos de capital próprio e dividendos) e dos respetivos custos de transação,

Como referido, é nesta demonstração que se introduz o conceito de "resultado integral" ou "extensivo", importado das normas internacionais, e que resulta da agregação direta do resultado líquido do período com todas as variações ocorridas no capital próprio não diretamente relacionadas com os detentores de capital, agindo como tal.

Já a DFC apresenta os fluxos de caixa gerados pela entidade durante o período de relato, classificando os *cash-flows* (pagamentos e recebimentos) em resultantes de atividades operacionais, de investimento e de financiamento. Esta classificação permite aos utilizadores das DFs determinar o impacto dessas atividades na posição financeira e nas quantias de caixa e seus equivalentes da entidade; pode também ser utilizada para avaliar as relações entre estas atividades. Os fluxos de caixa das atividades operacionais representam um indicador importante, da extensão em que estas atividades geraram fluxos de caixa suficientes para pagar empréstimos, manter a capacidade operacional, pagar dividendos e fazer novos investimentos, sem recurso a fontes externas de financiamento. A NCRF 2 recomenda o uso do método direto do apuramento dos fluxos das atividades operacionais, através do qual são divulgadas as principais classes dos recebimentos e dos pagamentos brutos de caixa (opõe-se ao método indireto, em que se parte do resultado líquido e procede-se a correções para anular transações que não são caixa, mas que se revela mais sujeito a imprecisões). A Figura 10 apresenta o modelo de DFC (método direto), a ser elaborada pelas empresas sujeitas ao regime geral do SNC, também de acordo com o modelo apresentado na Portaria n.º 220/2015, de 24 de julho.

Figura 10. Demonstração dos Fluxo de Caixa – método direto

Entidade: ....
Demonstração (individual/consolidada) de fluxos de caixa
Período findo em XX de YYYYYYY de 20NN

Unidade monetária (1)

Rubricas	Notas	Períodos	
		N	N - 1
Fluxos de caixa das atividades operacionais			
Recebimentos de clientes		+	+
Pagamentos a fornecedores		–	–
Pagamentos ao pessoal		–	–
Caixa gerada pelas operações		+/–	+/–
Pagamento/recebimento do imposto sobre o rendimento		–/+	–/+
Outros recebimentos/pagamentos		+/–	+/–
Fluxos de caixa das atividades operacionais (1)		+/–	+/–
Fluxos de caixa das atividades de investimento			
Pagamentos respeitantes a:			
Ativos fixos tangíveis		–	–
Ativos intangíveis		–	–
Investimentos financeiros		–	–
Outros ativos		–	–
Recebimentos provenientes de:			
Ativos fixos tangíveis		+	+
Ativos intangíveis		+	+
Investimentos financeiros		+	+
Outros ativos		+	+
Subsídios ao investimento		+	+
Juros e rendimentos similares		+	+
Dividendos		+	+
Fluxos de caixa das atividades de investimento (2)		+/–	+/–
Fluxos de caixa das atividades de financiamento			
Recebimentos provenientes de:			
Financiamentos obtidos		+	+
Realizações de capital e de outros instrumentos de capital próprio		+	+
Coberturas de prejuízos		+	+
Doações		+	+
Outras operações de financiamento		+	+
Pagamentos respeitantes a:			
Financiamentos obtidos		–	–
Juros e gastos similares		–	–
Dividendos		–	–
Reduções de capital e de outros instrumentos de capital próprio		–	–
Outras operações de financiamento		–	–
Fluxos de caixa das atividades de financiamento (3)		+/–	+/–
Variação de caixa e seus equivalentes (1+2+3)		+/–	+/–
Efeito das diferenças de câmbio		+/–	+/–
Caixa e seus equivalentes no início do período		...	...
Caixa e seus equivalentes no fim do período		...	...

(1) O euro, admitindo-se, em função da dimensão e exigências de relato, a possibilidade de expressão das quantias em milhares de euros.

No que respeita ao Anexo, reportando ao Capítulo 1, é também uma demonstração financeira muito importante, já que se destina a completar as outras, nomeadamente apresentando informação financeira e não financeira e divulgações adicionais exigidas por cada NCRF, que ajudam os utilizadores das DF a entender melhor a informação contida naquelas e a apoiar melhor as análises que fazem com base nelas. Assim, o Anexo deve:

- Apresentar informação acerca das bases de preparação das DF e das políticas contabilísticas usadas;
- Divulgar informação exigida pelas NCRF que não seja apresentada na face do Balanço, na Demonstração dos Resultados, na DACP ou na DFC; e
- Proporcionar informação adicional que não seja apresentada na face das DF, mas que seja relevante para uma melhor compreensão de qualquer uma das DF.

As notas do Anexo devem ser apresentadas de uma forma sistemática. Cada item da face das DF que tenham merecido uma nota no Anexo, deve ter uma referência cruzada, através de número apropriado na coluna «Notas» nas DF. Este número remete para o número da NCRF em questão. Quanto à estrutura, as notas do Anexo devem ser apresentadas pela seguinte ordem (Portaria n.º 220/2015, de 24 de julho):

- Nota Introdutória (1): Identificação da entidade, incluindo domicílio, natureza da atividade, nome e sede da empresa-mãe, se aplicável
- Nota 2: Referencial contabilístico de preparação das DF
- Nota 4: Resumo das principais políticas contabilísticas adotadas
- Nota 5: Fluxos de caixa
- Informação de suporte de itens apresentados na face do Balanço, na DR, na DACP e na DFC, pela ordem em que cada demonstração e cada linha de item seja apresentada;
- Passivos contingentes e compromissos contratuais não reconhecidos;
- Divulgações exigidas por diplomas legais; e
- Informações de carácter ambiental.

Após a elaboração das DF (vulgarmente designadas de "contas"), o órgão de gestão da entidade elabora o Relatório de Gestão que as acompanha. Nas entidades obrigadas à Certificação Legal de Contas (CLC), as contas são auditadas e certificadas por um Revisor Oficial de Contas. Relatório de Gestão, Contas e CLC seguem para o órgão de fiscalização da entidade (e.g., o Conselho Fiscal) e depois, para aprovação, por exigências da lei comercial, durante o mês de abril, pela Assembleia Geral de sócios/acionistas.

No mês de maio do ano seguinte ao que as "contas" respeitam, a entidade submete à Autoridade Tributária a declaração de rendimentos Modelo 22, para efeitos de apuramento e declaração do lucro tributável. Contabilisticamente, no apuramento deste, estão envolvidas as subcontas da conta *241 – Imposto sobre o rendimento*, designadamente:

2411 Pagamentos por conta
2412 Retenções na fonte
2413 Imposto estimado
2414 Imposto liquidado
2415 Apuramento
2416 Imposto a pagar
2417 Imposto a recuperar

A Figura 11 apresenta, nas contas do razão, o registo do apuramento do IRC (incluindo Derrama, quando existente) a pagar ou a receber.

Figura 11. Registo do apuramento do IRC

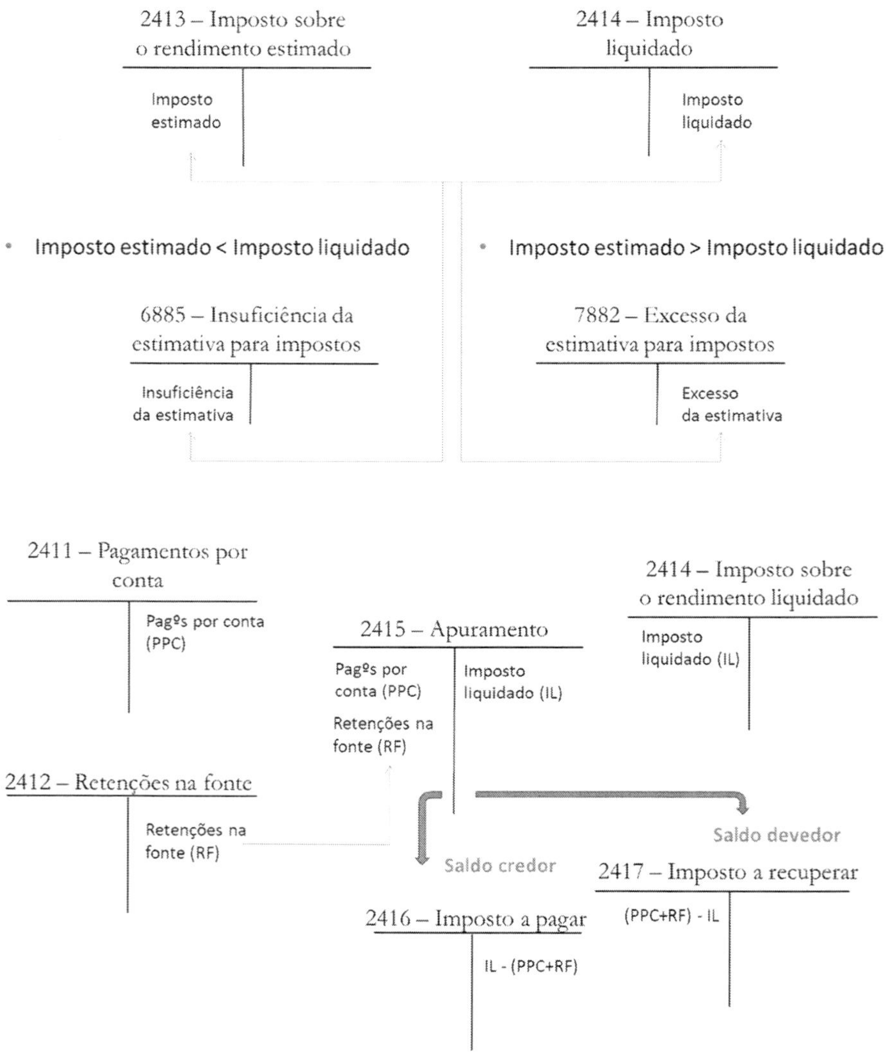

EXERCÍCIO 4.1[27]

Relativamente à sociedade LUCROMAIS, Lda. são conhecidas as seguintes informações referentes ao mês de setembro de N:

		valores em €
1	Gastos com o pessoal	30 000
2	Juros de empréstimo bancário	2 000
3	Consumo água e eletricidade	1 500
4	Venda de mercadorias	120 000
5	Custo das mercadorias vendidas	80 000
6	Juros de depósitos à ordem	500
7	Consumo de combustíveis	800
8	Honorários do advogado	1 000
9	Reparação da viatura ao serviço do gerente	1 200
10	Assistência técnica prestada a um cliente	2 500
11	Publicidade no jornal ÁGUEDA A LINDA	3 000
12	Seguro da viatura ao serviço do gerente	1 500
13	Material de escritório (papel, clips)	200
14	Juros debitados por fornecedores	300
15	Imposto do selo (referente a letras)	200
16	Selos do correio	100

PRETENDE-SE:

a) Identificar as componentes positivas e negativas dos resultados.

b) Elaborar a Demonstração dos Resultados por Naturezas referente ao mês de setembro de N, considerando uma taxa de imposto sobre o rendimento de 21%.

---

[27] Exercício adaptado de: Rodrigues, A., Carvalho, C., Cravo, D., Azevedo, G. (2015). SNC – Contabilidade Financeira: sua aplicação. Coimbra: Edições ALMEDINA.

RESOLUÇÃO - EXERCÍCIO 4.1

a) Componentes positivas (rendimentos) e negativas (gastos) dos resultados.

Valores em €

Descrição	Rendimentos	Gastos
1 - Gastos com o pessoal		30 000
2 - Juros de empréstimo bancário		2 000
3 - Consumo água e eletricidade		1 500
4 - Venda de mercadorias	120 000	
5 - Custo das mercadorias vendidas		80 000
6 - Juros de depósitos à ordem		500
7 - Consumo de combustíveis		800
8 - Honorários do advogado		1 000
9 - Reparação da viatura ao serviço do gerente		1 200
10 - Assistência técnica prestada a um cliente	2 500	
11 - Publicidade no jornal ÁGUEDA A LINDA		3 000
12 - Seguro da viatura ao serviço do gerente		1 500
13 - Material de escritório (papel, clips)		200
14 - Juros debitados por fornecedores		300
15 - Imposto do selo (referente a letras)		200
16 - Selos do correio		100

b) Demonstração dos Resultados por Naturezas (modelo reduzido)

Entidade: LUCROMAIS, Lda.
Demonstração dos resultados por naturezas
Período findo em 30 de Setembro de N

Valores em €

Rendimentos e gastos	Notas	Períodos	
		N	**N - 1**
Vendas e serviços prestados		122 500	
Subsídios à exploração		0	
Variação nos inventários da produção		0	
Trabalhos para a própria entidade		0	
Custo das mercadorias vendidas e das matérias consumidas		-80 000	
Fornecimentos e serviços externos		-9 300	
Gastos com o pessoal		-30 000	
Ajustamentos de inventários (perdas/reversões)		0	
Imparidade de dívidas a receber (perdas/reversões)		0	
Provisões (aumentos/reduções)		0	
Outras imparidades (perdas/reversões)		0	
Aumentos/reduções de justo valor		0	
Outros rendimentos		0	
Outros gastos		-200	
Resultado antes de depreciações, gastos de financiamento e impostos		3 000	
Gastos/reversões de depreciação e de amortização		0	
Resultado operacional		3 000	
Juros e rendimentos similares obtidos		500	
Juros e gastos similares suportados		-2 300	
Resultado antes de impostos		1 200	
Imposto sobre o rendimento do período		252	
Resultado líquido do período		948	

NOTAS:

a) O montante de fornecimentos e serviços externos corresponde à soma das linhas do enunciado: 3, 7, 8, 9, 11, 12, 13 e 16.

b) O valor dos juros e gastos similares é a soma das linhas 2 e 14.

EXERCÍCIO 4.2[28]

A SATURANDO, Lda. iniciou a sua atividade em N, com um capital social de 250 000 €, tendo obtido um resultado positivo de 14 000 € neste primeiro período. Em 1 de janeiro de N+1 o património da entidade era o seguinte (em euros):

Mercadorias		60 000
Mobiliário de escritório		27 500
Créditos s/ clientes		
• CL1	8 500	
• CL2	6 100	
• CL3	7 400	22 000
Débitos a fornecedores		
• FX1	4 800	
• FX2	6 100	
• FX3	5 100	16 000
Ações da sociedade SECRET, S.A.		50 000
Depósitos à ordem e dinheiro em caixa		61 300
Saques s/ clientes		
• SQ1	5 000	
• SQ2	6 500	11 500
Viaturas		65 000
Aceites a Fornecedores		
• AC1	15 000	
• AC2	5 000	20 000
Equipamento de escritório		25 000
Débitos ao Estado e outros entes públicos		22 300

Durante o primeiro trimestre do ano N+1 ocorreram os seguintes factos (em euros):

1. Contração de financiamento bancário 100 000
2. Pagamento da renda do escritório...........................3 000
3. Venda a crédito de mercadorias............................190 000
4. Custo das mercadorias vendidas 150 000
5. Cobrança do saque s/ SQ1 ....5 000
6. Pagamento do aceite a AC1..................................15 000

[28] Exercício adaptado de: Rodrigues, A., Carvalho, C., Cravo, D., Azevedo, G. (2015). SNC – Contabilidade Financeira: sua aplicação. Coimbra: Edições ALMEDINA.

7. Pagamento do telefone e fax 3 500
8. Pagamento ao Estado e outros entes públicos 20 000
9. Pagamento do débito a FX2 . . . . 6 100
10. Pagamento da eletricidade e água 1 800
11. Vendas de mercadorias a pronto pagamento 20 000
12. Custo das mercadorias vendidas 16 000
13. Processamento de ordenados (valor bruto) 22 000
    IRS – 10%
    Segurança Social – 11%
    Encargos por conta entidade patronal – 23,75%
14. Pagamento dos vencimentos líquidos 17 380
15. Pagamento dos juros do financiamento 1 500
16. Compra a crédito de mercadorias 120 000
17. Pagamento de combustíveis 1 200
18. Pagamento do seguro das viaturas 3 000
19. Cobranças dos créditos s/ CL1 e CL2 . . . . 14 600
20. Cobrança do saque s/ SQ2 . . . . 6 500
21. Pagamento do aceite a AC2 . . . . 5 000
22. Pagamento da publicidade numa revista 3 000

PRETENDE-SE:

a) Demonstração dos Resultados por Naturezas do primeiro trimestre de N+1 (modelo reduzido).
b) Demonstração dos Resultados por Funções do primeiro trimestre de N+1 (modelo reduzido).

Descrição	Custo das vendas	Distribuição	Administrativos	I&D	Outros gastos
Renda de escritório	10%	30%	50%	5%	5%
Telefone e fax	10%	30%	50%	5%	5%
Eletricidade e água	45%	25%	20%	5%	5%
Combustíveis	10%	60%	20%	5%	5%
Seguro de viaturas	10%	60%	20%	5%	5%
Gastos com o pessoal	45%	25%	20%	5%	5%

c) Balanço reportado a 1 de janeiro de N+1 (modelo reduzido).
d) Balanço reportado a 31 de março de N+1 (modelo reduzido).

RESOLUÇÃO – EXERCÍCIO 4.2

a) Registo contabilístico dos factos patrimoniais do 1.º trimestre e elaboração da Demonstração dos Resultados por Naturezas.

Valores em €

	Descrição	Débito	*Valor*	Crédito	*Valor*	Notas
1.	Contração de financiamento bancário	12	*100 000*	2511	*100 000*	
2.	Pagamento da renda de escritório	6261	*3 000*	11	*3 000*	
3.	Venda a crédito	211	*190 000*	711	*190 000*	
4.	Custo das mercadorias vendidas	611	*150 000*	32	*150 000*	
5.	Cobrança do saque s/ SQ1	12	*5 000*	212	*5 000*	
6.	Pagamento do aceite a AC1	222	*15 000*	12	*15 000*	
7.	Pagamento do telefone e fax	6262	*3 500*	11	*3 500*	
8.	Pagamento ao EOEP	24	*20 000*	12	*20 000*	
9.	Pagamento do débito a FX2	221	*6 100*	12	*6 100*	
10.	Pagamento de eletricidade e água	624	*1 800*	11	*1 800*	
11.	Vendas de mercadorias a pronto pagamento	11	*20 000*	711	*20 000*	
12.	Custo das mercadorias vendidas	611	*16 000*	32	*16 000*	
13.	Processamento de ordenados:					(a)
	Salário bruto	632	*22000*			
	Retenções na fonte de IRS			2421	*2200*	
	Retenções na fonte de segurança social (encargos do trabalhador)			245	*2420*	
	Remunerações a pagar ao pessoal – salário líquido			2312	*17 380*	
	Encargos sociais (responsabilidade da empresa)	635	*5225*	245	*5225*	
14.	Pagamento dos vencimentos líquidos	2312	*17 380*	12	*17 380*	
15.	Pagamento dos juros do financiamento	6911	*1 500*	12	*1 500*	
16.	Compra a crédito de mercadorias	311	*120 000*	221	*120 000*	
	transferência de compras para inventários de mercadorias	32	*120 000*	311	*120 000*	
17.	Pagamento de combustíveis	6242	*1 200*	11	*1 200*	
18.	Pagamento do seguro das viaturas	6263	*3 000*	11	*3 000*	
19.	Cobranças dos créditos s/ CL1 e CL2	12	*14 600*	211	*14 600*	
20.	Cobrança do saque s/ SQ1	12	*6 500*	212	*6 500*	
21.	Pagamento do aceite a AC2	222	*5 000*	12	*5 000*	
22.	Pagamento da publicidade numa revista	6222	*3 000*	11	*3 000*	

(a) Processamento de ordenados:

Descrição	Ordenados brutos (1)	Retenções na fonte		Ordenados líquidos 4 = (1–2–3)	Encargos para a empresa
		IRS (2)	Segurança Social (3)		
Base de cálculo	100%	10%	11%	79%	23,75%
valores em €	*22 000*	*2 200*	*2 420*	*17 380*	*5 225*

Entidade: SATURANDO, Lda.
Demonstração dos Resultados por Naturezas (modelo reduzido)
Período findo em 31 de Março de N+1

Valores em €

Rendimentos e gastos	**Notas**	**Períodos**	
		N	**N - 1**
Vendas e serviços prestados		210 000	
Subsídios à exploração		0	
Variação nos inventários da produção		0	
Trabalhos para a própria entidade		0	
Custo das mercadorias vendidas e das matérias consumidas		–166 000	
Fornecimentos e serviços externos		–15 500	
Gastos com o pessoal		–27 225	
Ajustamentos de inventários (perdas/reversões)		0	
Imparidade de dívidas a receber (perdas/reversões)		0	
Provisões (aumentos/reduções)		0	
Outras imparidades (perdas/reversões)		0	
Aumentos/reduções de justo valor		0	
Outros rendimentos		0	
Outros gastos		0	
Resultado antes de depreciações, gastos de financiamento e impostos		1 275	
Gastos/reversões de depreciação e de amortização		0	
Resultado operacional (antes de gastos de financiamento e impostos)		1 275	
Juros e rendimentos similares obtidos		0	
Juros e gastos similares suportados		–1 500	
Resultado antes de impostos		–225	
Imposto sobre o rendimento do período		0	
Resultado líquido do período		–225	

b) Repartição dos gastos por funções e construção da Demonstração dos Resultados por Funções.

Valores em €

	Valor	Custo das vendas	Distribuição	Administrativos	I&D	Outros gastos
Renda de escritório	3 000	300	900	1 500	150	150
Telefone e fax	3 500	350	1 050	1 750	175	175
Eletricidade e água	1 800	810	450	360	90	90
Combustíveis	1 200	120	720	240	60	60
Seguro de viaturas	3 000	300	1 800	600	150	150
Gastos com o pessoal	27 225	12 251	6 806	5 445	1 361	1 361
Publicidade	3 000	—	3 000	—	—	—
Total	42 725	14 131	14 726	9 895	1 986	1 986

Entidade: SATURANDO, Lda.
Demonstração dos Resultados por Funções (modelo reduzido)
Período findo em 31 de Março de N+1

Valores em €

Rubricas	**Notas**	**Períodos**	
		N	**N - 1**
Vendas e serviços prestados		210 000	
Custo das vendas e dos serviços prestados		-180 131,25	
Resultado bruto		29 868,75	
Outros rendimentos		0	
Gastos de distribuição		(14 726)	
Gastos administrativos		(9 895)	
Gastos de investigação e desenvolvimento		(1 986)	
Outros gastos		(1 986)	
Resultado operacional (antes de gastos de financiamento e impostos)		1 275	
Gastos de financiamento (líquidos)		(1 500)	
Resultado antes de impostos		(225)	
Imposto sobre o rendimento do período		0	
Resultado líquido do período		(225)	

c) Elaboração do Balanço em 1 de janeiro e em 31 de março.

Entidade: SATURANDO, Lda.
Balanço em 31 de Março de N+1 (modelo reduzido) Valores em €

Rubricas	Notas	Datas	
		31/mar	01/jan
ATIVO			
Ativo não corrente			
Ativos fixos tangíveis		117 500	117 500
Ativos intangíveis		0	0
Investimentos financeiros		50 000	50 000
Créditos e outros ativos não correntes		0	0
		167 500	167 500
Ativo corrente			
Inventários		14 000	60 000
Clientes		197 400	33 500
Estado e outros entes públicos		0	0
Capital subscrito e não realizado		0	0
Outros créditos a receber		0	0
Diferimentos		0	0
Outros ativos correntes		0	0
Caixa e depósitos bancários		126 920	61 300
Total do Ativo		505 820	322 300
CAPITAL PRÓPRIO E PASSIVO			
Capital próprio			
Capital subscrito		250 000	250 000
Ações (quotas) próprias		0	0
Outros instrumentos de capital próprio		0	0
Prémios de emissão		0	0
Reservas legais		0	0
Outras reservas		0	0
Resultados transitados		14 000	0
Excedentes de revalorização		0	0
Ajustamentos/outras variações no capital próprio		0	0
		264 000	250 000
Resultado líquido do período		–225	14 000
Total do Capital Próprio		263 775	264 000
Passivo			
Passivo não corrente			
Provisões		0	0
Financiamentos obtidos		100 000	0
Outras dívidas a pagar		0	0
		100 000	0
Passivo corrente			
Fornecedores		129 900	36 000
Estado e outros entes públicos		12 145	22 300
Financiamentos obtidos		0	0
Diferimentos		0	0
Outros passivos correntes		0	0
Outros passivos financeiros		0	0
		142 045	58 300
Total do Passivo		242 045	58 300
Total do Capital Próprio e do Passivo		505 820	322 300

EXERCÍCIO 4.3

A sociedade MIRIAKOS, Lda. dedica-se à comercialização de mobiliário moderno. A taxa de IRC do período N a aplicar a esta sociedade é de 22%. Considere os seguintes elementos referentes ao seu património em 31/12/N:

Valores em €

1. Capital subscrito . . . 550 000
2. Reservas legais . . . 172 000
3. Outras reservas . . . 50 000
4. Resultados transitados . . . –18 300
5. Custo das mercadorias vendidas . . . 3 910 600
6. Stock de mercadorias em 31/12/N . . . 630 200
7. Perdas por imparidade (PI) acumuladas em inventários (incluindo já as PI do período N) . . . 45 000
8. Ativos fixos tangíveis . . . 1 400 000
9. Software comercial e de gestão de stocks . . . 37 500
10. Quota na sociedade IMOBILAR, Lda. . . . 110 000
11. Amortizações acumuladas do software em 31/12/N (incluindo já as do período N) . . . 12 500
12. Depreciações acumuladas dos ativos fixos tangíveis em 31/12/N (incluindo já as do período N) . . . 1 250000
13. Retenções sobre as remunerações dos colaboradores . . . 15 000
14. Dívidas de clientes em conta corrente . . . 118 540
15. IVA – Reembolsos pedidos . . . 16 700
16. Perdas por imparidade em mercadorias (reconhecidas em N) . . . 20 000
17. Perdas por imparidade em dívidas de clientes (reconhecidas em N) . 14 000
18. Lote de ações da EDP, S.A. . . . 16 500
19. Depósitos bancários e dinheiro em caixa . . . 360 500
20. Empréstimo do BPI a pagar em N+3 . . . 265 700
21. Dívidas a fornecedores correntes . . . 147 900
22. Dívidas de curto prazo a fornecedores de mobiliário para o escritório da empresa . . . 31 000
23. Dívida à Segurança Social . . . 14 000
24. Fornecimentos e serviços externos . . . 1 650 700
25. Remunerações e encargos . . . 780 600

26. Depreciações e amortizações do período 320 000
27. Outros gastos operacionais 16 100
28. Vendas líquidas. 6 870 000
29. Outros rendimentos operacionais 23 500
30. Juros de financiamentos obtidos 49 200
31. Juros obtidos 12 540
32. Pagamento da renda da loja da MIRIAKOS em Lisboa, referente ao mês de janeiro de N+1 . . . . 18 000
33. Estimativa do consumo de energia elétrica relativa a dezembro de N . . 14 300

PRETENDE-SE:

Elabore a Demonstração dos Resultados do ano N e o Balanço (modelos sintéticos) referente a 31/12/N, tendo em consideração uma taxa de impostos sobre o rendimento de 21%.

RESOLUÇÃO – EXERCÍCIO 4.3

Entidade: MIRIAKOS, Lda.
Demonstração dos Resultados por Naturezas (modelo reduzido)
Período findo em 31 de Março de N+1

Valores em €

Rubricas	Notas	Períodos	
		31/12/N	**31/12/N-1**
Vendas e serviços prestados		6 870 000	
Subsídios à exploração		0	
Variação nos inventários da produção		0	
Trabalhos para a própria entidade		0	
Custo das mercadorias vendidas e das matérias consumidas		-3 910 600	
Fornecimentos e serviços externos		-1 650 700	
Gastos com o pessoal		-780 600	
Ajustamentos de inventários (perdas/reversões)		-20 000	
Imparidade de dívidas a receber (perdas/reversões)		-14 000	
Provisões (aumentos/reduções)		0	
Outras imparidades (perdas/reversões)		0	
Aumentos/reduções de justo valor		0	
Outros rendimentos		23 500	
Outros gastos		-16 100	
Resultado antes de depreciações, gastos de financiamento e impostos		501 500	
Gastos/reversões de depreciação e de amortização		-320 000	
Resultado operacional (antes de gastos de financiamento e impostos)		181 500	
Juros e rendimentos similares obtidos		12 540	
Juros e gastos similares suportados		-49 200	
Resultado antes de impostos		144 840	
Imposto sobre o rendimento do período		-30 416,4	
Resultado líquido do período		114 423,6	

Entidade: MIRIAKOS, Lda.
Balanço em 31 de Dezembro de N

Valores em €

Rubricas	Notas	Datas	
		31/12/N	31/12/N-1
ATIVO			
Ativo não corrente			
Ativos fixos tangíveis		150 000,0	
Ativos intangíveis		25 000,0	
Investimentos financeiros		110 000,0	
Créditos e outros ativos não correntes			
		285 000,0	
Ativo corrente			
Inventários		585 200,0	
Clientes		104 540,0	
Estado e outros entes públicos		16 700,0	
Capital subscrito e não realizado			
Outros créditos a receber			
Diferimentos		18 000,0	
Outros ativos correntes		16 500,0	
Caixa e depósitos bancários		360 500,0	
		1 101 440,0	
Total do Ativo		1 386 440,0	
CAPITAL PRÓPRIO E PASSIVO			
Capital próprio			
Capital subscrito		550 000,0	
Ações (quotas) próprias			
Outros instrumentos de capital próprio			
Prémios de emissão			
Reservas legais		172 000,0	
Outras reservas		50 000,0	
Resultados transitados		−18 300,0	
Excedentes de revalorização			
Ajustamentos/outras variações no capital próprio			
		753 700,0	
Resultado líquido do período		114 423,6	
Total do Capital Próprio		868 123,6	
Passivo			
Passivo não corrente			
Provisões			
Financiamentos obtidos		265 700,0	
Outras dívidas a pagar			
		265 700,0	
Passivo corrente			
Fornecedores		147 900,0	
Estado e outros entes públicos		59 416,4	
Financiamentos obtidos			
Diferimentos			
Outros passivos correntes		45 300,0	
		252 616,4	
Total do Passivo		518 616,4	
Total do Capital Próprio e do Passivo		1 386 440,0	

EXERCÍCIO 4.4

Em 31 de dezembro de N, a sociedade TOPVINHOS, Lda. apresentou os seguintes elementos referentes ao seu património:

Valores em €

1.	Capital	500 000
2.	Reservas legais	100 000
3.	Outras reservas	50 000
4.	Resultados transitados	–5 000
5.	Custo das mercadorias vendidas e das matérias consumidas	4 924 300
6.	Stock de mercadorias em 01/01/N	1 090 800
7.	Stock de mercadorias em 31/12/N	924 500
8.	Perdas por imparidade acumuladas em inventários (incluindo do ano N)	24 750
9.	Ativos fixos tangíveis	858 300
10.	Adiantamentos a fornecedores	15 000
11.	Dívidas de clientes em conta corrente	62 500
12-	Dívida a Davicar, Lda., fornecedor de 1 veículo comercial (a pagar em 3 anos)	27 000
13.	Retenções na fonte do imposto sobre os rendimentos da empresa	3 300
14.	Perdas por imparidade em mercadorias (reforço em N)	3 500
15.	Depreciações acumuladas dos ativos fixos tangíveis em 31/12/N (incluindo do ano N)	236 850
16.	Perdas por imparidade em dívidas de clientes (em N)	3 000
17.	300 ações do Banco Internacional de Investimento	1 500
18.	Retenções de impostos sobre as remunerações do pessoal	15 520
19.	Depósitos bancários e dinheiro em caixa	23 075
20.	Empréstimo da CGD a pagar em 5 anos (reembolsos iguais a partir e 31/1/N+1)	100 000
21.	Adiantamentos de clientes	12 300
22.	Iva a recuperar	6 125
23.	Dívidas a fornecedores	84 130
24.	Dívida à Segurança Social	35 950
25.	Serviços da Sociedade de Advogados Abel e Rasga, Lda.	10 700
26.	Despesas com internet e telefones	2 700

27. Seguros 12 700
28. Água e eletricidade.. 49 300
29. Remunerações e encargos 1 792 500
30. Depreciações e amortizações do exercício 35 600
31. Ganhos na alienação de um veículo comercial 1 000
32. Vendas líquidas.. 7 250 000
33. Descontos de pronto pagamento obtidos.. 50 000
34. Gastos relativos ao aluguer de equipamento 12 500
35. Juros do empréstimo obtido em 31/01/N (com vencimento anual postecipado).. 6 000
36. Juros do depósito a prazo de 31/1/N (com vencimento anual postecipado) 1 200
37. Estimativa do consumo de água e eletricidade de dezembro de N (a ser faturado em N+1) 2 500
38. Despesa da renda semestral da loja da Rua das Flores (relativa ao período 1/9/N a 1/3/N+1) 3 600
39. Subsídios de férias e respetivos encargos a pagar em N+1 .... 256 700

PRETENDE-SE:

a) Elabore a Demonstração dos Resultados por Naturezas do ano N, considerando uma taxa de IRC de 21% e apenas as rubricas aplicáveis no caso da TOPVINHOS, Lda..
b) Complete o Balanço (modelo resumido) referente a 31/12/N.
c) Calcule o montante da rubrica de "Pagamentos a fornecedores" da Demonstração dos Fluxos de Caixa, a partir da informação inicialmente disponível e, ainda, sabendo que:
   i. A taxa de IVA dedutível nos inventários é de 23%;
   ii. A taxa de IVA dedutível relativamente aos "Fornecimentos e serviços externos" é em média de 15%;
   iii. O saldo de "Fornecedores" do balanço de 31/12/N-1 ascendia a 74 966 €.

RESOLUÇÃO – EXERCÍCIO 4.4

a) Demonstração dos Resultados por Naturezas do ano N

Entidade: TOPVINHOS, Lda.
Demonstração dos Resultados por Funções (modelo reduzido)
Período findo em 31 de Março de N+1

Valores em €

Rendimentos e gastos	Notas	Períodos	
		N	N-1
Vendas e serviços prestados		7 250 000	
Subsídios à exploração		0	
Variação nos inventários da produção		0	
Trabalhos para a própria entidade		0	
Custo das mercadorias vendidas e das matérias consumidas		–4 924 300	
Fornecimentos e serviços externos		–90 300	
Gastos com o pessoal		–1 792 500	
Ajustamentos de inventários (perdas/reversões)		–3 500	
Imparidade de dívidas a receber (perdas/reversões)		–3 000	
Provisões (aumentos/reduções)		0	
Outras imparidades (perdas/reversões)		0	
Aumentos/reduções de justo valor		0	
Outros rendimentos		51 000	
Outros gastos		0	
Resultado antes de depreciações, gastos de financiamento e impostos		487 400	
Gastos/reversões de depreciação e de amortização		–35 600	
Resultado operacional (antes de gastos de financiamento e impostos)		451 800	
Juros e rendimentos similares obtidos		1 100	
Juros e gastos similares suportados		–5 500	
Resultado antes de impostos		447 400	
Imposto sobre o rendimento do período		–93 954	
Resultado líquido do período		353 446	

b) Balanço em 31/12/N

Entidade: TOPVINHOS, Lda.
Balanço em 31 de dezembro de N (modelo reduzido) Valores em €

Rubricas	Notas	Datas	
		31 Dez N	31 Dez N-1
ATIVO			
Ativo não corrente			
Ativos fixos tangíveis		621 450	
Ativos intangíveis		0	
Investimentos financeiros		0	
Créditos e outros ativos não correntes		0	
		621 450	
Ativo corrente			
Inventários		899 750	
Clientes		59 500	
Estado e outros entes públicos		6 125	
Capital subscrito e não realizado		0	
Outros créditos a receber		16 100	
Diferimentos		1 200	
Outros ativos correntes		1 500	
Caixa e depósitos bancários		23 075	
		1 007 250	
Total do Ativo		1 628 700	
CAPITAL PRÓPRIO E PASSIVO			
Capital próprio			
Capital subscrito		500 000	
Ações (quotas) próprias		0	
Outros instrumentos de capital próprio		0	
Prémios de emissão		0	
Reservas legais		100 000	
Outras reservas		50 000	
Resultados transitados		–5 000	
Excedentes de revalorização		0	
Ajustamentos/outras variações no capital próprio		0	
		645 000	
Resultado líquido do período		353 446	
Total do Capital Próprio		998 446	
Passivo			
Passivo não corrente			
Provisões		0	
Financiamentos obtidos		80 000	
Outras dívidas a pagar		18 000	
		98 000	
Passivo corrente			
Fornecedores		84 130	
Estado e outros entes públicos		142 124	
Financiamentos obtidos		20 000	
Diferimentos		0	
Outros passivos correntes		286 000	
		532 254	
Total do Passivo		630 254	
Total do Capital Próprio e do Passivo		1 628 700	

c) Cálculo do montante da rubrica de "Pagamentos a fornecedores" da Demonstração dos Fluxos de Caixa:

Valores em €

Compras	4 758 000	IVA
+ IVA dedutível	1 094 340	23%
- Descontos de pronto pagamento obtidos	-50 000	
- IVA regularizações	-11 500	23%
+ FSE	90 300	
+ IVA dedutível de FSE	13 545	15%
+ Saldo inicial de Fornecedores (31/12/N-1)	74 966	
+ Adiantamentos a fornecedores	15 000	
+ IVA dedutível dos adiantamentos	3 450	23%
- Saldo final de fornecedores (31/12/N)	-84 130	
Pagamentos a fornecedores	5 903 971	

EXERCÍCIO 4.5[29]

Os registos contabilísticos da DOAFIM, Lda. (que se dedica ao comércio de materiais de construção e é sujeito passivo de IVA à taxa de 23%) evidenciam, entre outros, os seguintes saldos relativos ao período findo em 31/12/N:

Valores em €

Compras de mercadorias 1 040 000
Gastos com o pessoal:
  Ordenados e salários 520 000
  Encargos sobre remunerações 120 000
Gastos de financiamento:
  Juros diversos 40 000
  Descontos de pronto pagamento concedidos....................12 000
Impostos 24 000
Transportes de mercadorias compradas 12 000

[29] Exercício adaptado de: Rodrigues, A., Carvalho, C., Cravo, D., Azevedo, G. (2015). SNC – Contabilidade Financeira: sua aplicação. Coimbra: Edições ALMEDINA.

Fornecimentos e serviços externos 16 000
Depreciações do período 320 000
Perdas por imparidade de clientes 16 000
Vendas 2 400 000
Trabalhos para a própria entidade 440 000

Adicionalmente obtiveram-se as seguintes informações relativas à atividade da DOAFIM, LDA., durante o período N:

1. Os saldos do ativo e passivo correntes registaram as seguintes variações:
   i. Clientes – um aumento de 160 000 € após a dedução das dívidas incobráveis;
   ii. Fornecedores – um aumento de 120 000 €;
   iii. Inventários – uma diminuição de 320 000 €.

   Apenas as compras e vendas foram efetuadas a crédito. Todos os demais gastos e rendimentos foram liquidados até ao final do período.
2. O saldo de caixa e depósitos à ordem em 1/1/N era de 12 500€. A DOAFIM, LDA. não tem quaisquer investimentos em instrumentos financeiros.
3. Em N foi pago o IRC referente a N-1 no valor de 285 000 €, tendo ainda sido efetuados pagamentos por conta de 155 000 €.
4. A entidade construiu para ela própria, no período, um edifício para instalar os serviços administrativos. Os gastos incorridos com a obra foram os seguintes:

   Materiais (incluídos nas compras) 340 000
   Transportes e fretes (incluídos nos gastos do período) 8 000
   Gastos com pessoal (incluídos nos gastos do período)
   Ordenados e salários 80 000
   Encargos sobre remunerações 12 000
   Total 440 000

   Todas as dívidas relacionadas com estas aquisições foram pagas a dinheiro, para o que empresa obteve um financiamento de 120 000 €.
6. Foi adquirido um novo camião para transporte das mercadorias no valor de 700 000 € (acrescido de IVA). O camião foi pago a pronto, tendo a empresa recebido um subsídio para 75% deste investimento (o IVA não foi comparticipado).
7. Tem sido política da empresa, desde há vários anos, deliberar a seguinte distribuição do resultado líquido do período: 50% para reservas e os restantes 50% para dividendos. Esta mesma política foi aplicada ao resultado líquido de N.

PRETENDE-SE:

Elaborar a Demonstração de Fluxos de Caixa (método direto) da DOAFIM, LDA., relativa ao período N.

RESOLUÇÃO – EXERCÍCIO 4.5

a) Resumo da informação disponível:

Compras de mercadorias	1 040 000,00	
Gastos com o pessoal		
Ordenados e salários	520 000,00	
Encargos sobre remunerações	120 000,00	
Gastos de financiamento		
Juros diversos	40 000,00	
Descontos de pronto pagamento	12 000,00	
Impostos	24 000,00	
Transportes de mercadorias compradas	12 000,00	
Fornecimento e serviços externos	16 000,00	
Depreciações do período	320 000,00	
Perdas por imparidade de clientes	16 000,00	
Vendas	2 400 000,00	
Trabalhos para a própria entidade	440 000,00	
Aquisição de camião	700 000,00	23%
IVA dedutível	0,00	

b) Cálculo dos recebimentos de clientes

Valores em €

Descrição	N	Notas
Vendas líquidas	2 400 000,00	
+ Prestação de serviços	0,00	
– Descontos de pronto pagamento	12 000,00	
+ Iva liquidado	549 240,00	(a)
+ Saldo inicial de clientes	0,00	
– Saldo final de clientes	160 000,00	
– Saldo inicial de adiantamentos de clientes	0,00	
+ Saldo final de adiantamentos de clientes	0,00	
= **Recebimentos de clientes**	2 777 240,00	

(a) = (vendas + Prestação de serviços – descontos p/p) × 23%

c) Cálculo dos pagamentos a fornecedores:

Valores em €

Descrição	N	Notas
CMVMC	1 052 000,00	
+ Saldo final de matérias e mercadorias	0,00	
– Saldo inicial de matérias e mercadorias	0,00	
+/– Regularização de matérias e mercadorias	0,00	
+ IVA dedutível relativo a existências	241 960,00	a)
+ Fornecimentos e serviços externos	16 000,00	
+ IVA dedutível relativo a FSE	3 680,00	b)
+ Saldo inicial de fornecedores	0,00	
– Saldo final de fornecedores	120 000,00	
– Saldo inicial de adiantamentos a fornecedores	0,00	
+ Saldo final de adiantamentos a fornecedores	0,00	
= **Pagamentos a fornecedores**	1 193 640,00	

a) = Compras de matérias e mercadorias × 23%
b) = Fornecimentos e serviços externos × 23%

d) Cálculo dos pagamentos ao pessoal:

Valores em €

Descrição	N	Notas
Gastos com o pessoal	520 000,00	
+ Saldo inicial de remunerações a pagar	0,00	
– Saldo final de remunerações a pagar	0,00	
+ Saldo inicial de credores por acréscimo de gastos de remunerações a liquidar	0,00	
– Saldo final de credores por acréscimo de gastos de remunerações a liquidar	0,00	
– Saldo inicial de adiantamentos sobre remunerações	0,00	
+ Saldo final de adiantamentos sobre remunerações	0,00	
= **Pagamentos ao pessoal**	520 000,00	

e) Cálculo do pagamento/recebimento de impostos s/ o rendimento:

Valores em €

Descrição	N	Notas
Imposto sobre o rendimento	285 000,00	
Pagamentos por conta	155 000,00	
+ Saldo inicial de imposto sobre o rendimento e impostos diferidos passivos	0,00	
– Saldo final de imposto sobre o rendimento e impostos diferidos passivos	0,00	
+ Saldo final de impostos diferidos activos	0,00	
– Saldo inicial de impostos diferidos activos	0,00	
= **Pagamento/receb. de imp. s/ o rendimento**	440 000,00	

f) Cálculo dos pagamentos ao Estado relativos ao IVA:

Valores em €

Descrição	N	Notas
IVA liquidado	549 240,00	
– IVA dedutível	406 640,00	
+ IVA regularizações mensais/trimestrais a favor do Estado	0,00	
– IVA regularizações mensais/trimestrais a favor da empresa	0,00	
+ Saldo inicial de Estado (IVA)	0,00	
– Saldo final de Estado (IVA)	0,00	
= **Pagamentos ao Estado (IVA)**	142 600,00	

g) Outros recebimentos/ pagamentos relativos à atividade operacional

Valores em €

Descrição	N	Notas
Trabalhos para a própria empresa	440 000,00	
+ Subsídios à exploração	0,00	
+ Outros rendimentos	0,00	
– Outros gastos	(24 000,00)	
+ Saldo inicial de EOEP (ativo)	0,00	
– Saldo final de EOEP (ativo)	0,00	
+ Saldo inicial de Outros créditos a receber	0,00	
– Saldo final de Outros créditos a receber	0,00	
– Saldo inicial de gastos a reconhecer (diferimentos)	0,00	
+ Saldo final de gastos a reconhecer (diferimentos)	0,00	
– Pagamentos ao Estado (IVA)	(142 600,00)	
– Saldo inicial de EOEP (passivo)	0,00	
+ Saldo final de EOEP (passivo)	0,00	
– Outros pagamentos ao EOEP (SS e Retenções de impostos)	(120 000,0)	
+ Saldo final de rendimentos a reconhecer (diferimentos)	0,00	
– Saldo inicial de rendimentos a reconhecer (diferimentos)	0,00	
– Saldo inicial de outros passivos correntes	0,00	
+ Saldo final de Outros passivos correntes	0,00	
= **Outros rec./pag. relativos à atividade operacional**	153 400,00	

Entidade: DOAFIM, Lda.
Demonstração (individual/consolidada) de Fluxos de Caixa
Período findo em 31 de Dezembro de N

Valores em €

Rubricas	Notas	Períodos	
		N	N - 1
Fluxos de caixa das atividades operacionais			
Recebimentos de clientes e utentes		2 777 240,00	
Pagamentos de subsídios		0,00	
Pagamentos de apoios		0,00	
Pagamentos de bolsas		0,00	
Pagamentos a fornecedores		(1 193 640,00)	
Pagamentos ao pessoal		(520 000,00)	
Caixa gerada pelas operações		1 063 600,00	
Pagamento/recebimento do imposto sobre o rendimento		(440 000,00)	
Outros recebimentos/pagamentos		153 400,00	
Fluxos de caixa das atividades operacionais (1)		777 000,00	
Fluxos de caixa das atividades de investimento			
Pagamentos respeitantes a:			
Ativos fixos tangíveis		0,00	
Ativos intangíveis		(861 000,00)	
Investimentos financeiros		0,00	
Outros ativos		440 000,00	
Recebimentos provenientes de:			
Ativos fixos tangíveis		0,00	
Ativos intangíveis		0,00	
Investimentos financeiros		0,00	
Outros ativos		0,00	
Subsídios ao investimento		525 000,00	
Juros e rendimentos similares		0,00	
Dividendos		0,00	
Fluxos de caixa das atividades de investimento (2)		(776 000,00)	
Fluxos de caixa das atividades de financiamento			
Recebimentos provenientes de:			
Financiamentos obtidos		120 000,00	
Realizações de fundos		0,00	
Cobertura de prejuízos		0,00	
Doações		0,00	
Outras operações de financiamento		0,00	
Pagamentos respeitantes a:			
Financiamentos obtidos		0,00	
Juros e gastos similares		(40 000,00)	
Dividendos		0,00	
Redução de fundos		0,00	
Outras operações de financiamento		0,00	
Fluxos de caixa das atividades de financiamento (3)		80 000,00	
Variação de caixa e seus equivalentes (1+2+3)		81 000,00	
Efeito das diferenças de câmbio		0	
Caixa e seus equivalentes no início do período		12 500,00	
Caixa e seus equivalentes no fim do período		93 500,00	

EXERCÍCIO 4.6[30]

Da sociedade DACAPA, S.A., relativo aos períodos terminados em 31 de dezembro de N e N+1, apresentam-se os elementos dos capitais próprios e outras informações sobre a variação dos capitais próprios (valores em euros):

Valores em €

Rubricas	Datas	
	31/12/N+1	31/12/N
Capital realizado	70 000	50 000
Prémio de emissão	12 000	--------
Excedentes de revalorização	15 000	--------
Reservas legais	25 000	20 000
Resultados transitados	–12 000	--------
Resultado líquido do período	12 000	10 000
Total do Capital Próprio	122 000	80 000

Sabe-se ainda que:

a) Aumento do capital social de 20 000 € com prémio de emissão.
b) Revalorização de ativos fixos tangíveis, por reexpressão das depreciações acumuladas.
c) Distribuição de dividendos aos detentores do capital no valor de 5000 €.
d) Foi detetada uma omissão em gastos e perdas de financiamento respeitante a períodos anteriores, tendo-se considerado um erro relevante que resultou na correção do saldo de abertura da conta resultados transitados.

PRETENDE-SE:

Elaborar a Demonstração das Alterações no Capital Próprio de N+1.

---

[30] Exercício adaptado de: Rodrigues, A., Carvalho, C., Cravo, D., Azevedo, G. (2015). SNC – Contabilidade Financeira: sua aplicação. Coimbra: Edições ALMEDINA.

RESOLUÇÃO – EXERCÍCIO 4.6

DEMONSTRAÇÃO DAS ALTERAÇÕES NO CAPITAL PRÓPRIO DA DACAPA, S.A. DE N+1

Descrição	Capital Próprio atribuído aos detentores de capital próprio											
	Capital Realizado	Acções/ quotas Próprias	Outros instrum. de cap. Próprio	Prémio de Emissão	Reservas Legais	Outras Reservas	Resultados Transitados	Ajustam. em activos fin.	Excedentes de revalorização	Outras variações no CP	RLP	Total
Posição no início do período N+1 (1)	50 000				20 000						10 000	80 000
												0
Alterações no período												0
Primeira adopção de novo referencial contabilístico												0
Alterações de políticas contabilísticas												0
Diferenças de conversão DF												0
Realização do excedente de revalorização de AFT e AI												0
Excedente de revalorização de AFT e AI e respectivas variações									15 000			15 000
Ajustamentos por impostos diferidos												0
Outras alterações reconhecidas no capital próprio							-12 000					-12 000
(2)	0	0	0	0	0	0	-12 000	0	15 000	0	0	3 000
Resultado líquido do período (3)											12 000	12 000
Resultado integral (4) = (2) + (3)											12 000	15 000
Operações com detentores de capital no período												
Realizações de capital	20 000											20 000
Realizações de prémios de emissão				12 000								12 000
Distribuições					5 000						-10 000	-5 000
Entradas para cobertura de perdas												0
Outras operações												0
(5)	20 000	0	0	12 000	5 000	0	0	0	0	0	-10 000	27 000
Posição no fim do período N+1 (1+2+3+5)	70 000	0	0	12 000	25 000	0	-12 000	0	15 000	0	12 000	122 000

EXERCÍCIO 4.7

A sociedade SOL À VISTA, LDA., que se dedica à comercialização de artigos de campismo e praia, apresenta os seguintes elementos referentes ao seu património em 31/12/N:

Valores em €

1. Compras líquidas durante o ano N 9 725 600
2. *Stock* de mercadorias em 31/12/N 876 400
3. Custo das mercadorias vendidas e das matérias consumidas. . . . 9 434 100
4. Quebras de mercadorias (em N) 5 600
5. Capital realizado 2 500 000
6. Reservas legais 500 000
7. Patente de comercialização das tendas "Resiste" 50 000
8. Ativos fixos tangíveis 7 050 820
9. Outras reservas 80 000
10. Resultados transitados 75 000
11. Depreciações acumuladas dos ativos fixos tangíveis em 31/12/N (incluindo do ano N) 1 937 820
12. Amortização da patente (em N). 10 000
13. Perdas por imparidade em mercadorias (em N) 15 350
14. IVA a recuperar. 23 500
15. Dívidas de clientes em conta corrente 425 300
16. Adiantamento ao funcionário Manuel Silva. 1 000
17. Perdas por imparidade acumuladas em dívidas de clientes (incluindo do ano N) 14 750
18. Dívidas a fornecedores 873 500
19. Perdas por imparidade em dívidas de clientes (em N) 2 500
20. Depósitos bancários e dinheiro em caixa 84 100
21. Dívida à Segurança Social 82 000
22. Retenções na fonte de impostos sobre rendimentos de terceiros. 65 550
23. Empréstimo do BPI a pagar em 5 anos (em reembolsos iguais) 700 000
24. Adiantamentos de clientes. 45 000
25. 500 ações do Grupo SONAE 1 500
26. Remunerações e encargos sobre remunerações. 1 550 000
27. Combustíveis. 45 000

28. Material de escritório 5 500
29. Seguros 45 000
30. Telecomunicações, água e eletricidade 218 500
31. Descontos de pronto pagamento concedidos. 224 000
32. Juros do empréstimo (em N). 13 000
33. Depreciações do exercício, dos ativos fixos tangíveis 540 000
34. Outros rendimentos operacionais 8 300
35. Vendas líquidas. 13 520 900
36. Subsídios de férias e respetivos encargos a pagar em N+1 . . . . 225 000
37. Juros (anuais) de depósitos a prazo de 31/01/N (a receber em N+1) . . 2 500
38. Seguros já pagos em N respeitantes a N+1 . . . . 32 000
39. Material de escritório não consumido 1 500

PRETENDE-SE:

a) Elabore a Demonstração dos Resultados por Naturezas, do ano N,
b) Elabore o Balanço (modelo reduzido) referente a 31/12/N.
c) Indique qual o valor de recebimentos de clientes que deverá constar na Demonstração de Fluxos de Caixa.

RESOLUÇÃO – EXERCÍCIO 4.7

a)

Entidade: SOL À VISTA, Lda.
Demonstração dos Resultados por Naturezas — Valores em €

Rendimentos e gastos	Notas	Períodos	
		N	N-1
Vendas e serviços prestados		13 520 900	
Subsídios à exploração		0	
Ganhos/perdas imputados de subsidiárias, associadas e empreendimentos conjuntos		0	
Variação nos inventários da produção		0	
Trabalhos para a própria entidade		0	
Custo das mercadorias vendidas e das matérias consumidas		-9 434 100	
Fornecimentos e serviços externos		-312 500	
Gastos com o pessoal		-1 550 000	
Imparidade de inventários (perdas/reversões)		-15 350	
Imparidade de dívidas a receber (perdas/reversões)		-2 500	
Provisões (aumentos/reduções)		0	
Imparidades de investimentos não depreciáveis/amortizáveis (perdas/reversões)		0	
Aumentos/reduções de justo valor		0	
Outros rendimentos		8 300	
Outros gastos		-229 600	
Resultado antes de depreciações, gastos de financiamento e impostos		1 985 150	
Gastos/reversões de depreciação e de amortização		-550 000	
Imparidades de investimentos depreciáveis/amortizáveis (perdas/reversões)		0	
Resultado operacional (antes de gastos de financiamento e impostos)		1 435 150	
Juros e rendimentos similares obtidos		2 292	
Juros e gastos similares suportados		-13 000	
Resultado antes de impostos		1 424 442	
Imposto sobre o rendimento do período		-313 377	
Resultado líquido do período		1 111 065	

Nota 1: Fornecimentos e serviços externos

Combustíveis	45 000,00
Material de escritório	5 500,00
Seguros	45 000,00
Telecomunicações, água e eletricidade	218 500,00
	314 000,00
Material de escritório não consumido	-1 500,00
Fornecimentos e serviços externos	**312 500,00**

Nota 2: Outros gastos

Descontos de pronto pagamento concedidos	224 000,00
Quebras de mercadorias	5 600,00
Outros gastos	**229 600,00**

Nota 3: Gastos/Reversões de depreciação e de amortização

Amortização da patente (em N)	10 000,00
Depreciações do exercício dos ativos fixos tangíveis	540 000,00
	550 000,00

b)

Entidade: SOL À VISTA, Lda.

Balanço (individual) em 31 de dezembro de N

Valores em €

Rubricas	Notas	Datas	
		31 Dez N	31 Dez N-1
ATIVO			
Ativo não corrente			
Ativos fixos tangíveis		5 113 000	
Propriedades de investimento		0	
Goodwill		0	
Ativos intangíveis		40 000	
Ativos biológicos		0	
Participações financeiras – método de equivalência patrimonial		0	
Outros investimentos financeiros		0	
Créditos a receber		0	
Ativos por impostos diferidos		0	
		5 153 000	
Ativo corrente			
Inventários		861 050	
Ativos biológicos		0	
Clientes		410 550	
Estado e outros entes públicos		23 500	
Capital subscrito e não realizado		0	
Outros créditos a receber		3 292	
Diferimentos		33 500	
Ativos financeiros detidos para negociação		1 500	
Outros ativos financeiros		0	
Ativos não correntes detidos para venda		0	
Caixa e depósitos bancários		84 100	
		1 417 492	
Total do Ativo		6 570 492	
CAPITAL PRÓPRIO E PASSIVO			
Capital próprio			
Capital subscrito		2 500 000	
Ações (quotas) próprias		0	
Outros instrumentos de capital próprio		0	
Prémios de emissão		0	
Reservas legais		500 000	
Outras reservas		80 000	
Resultados transitados		75 000	
Excedentes de revalorização		0	
Ajustamentos/outras variações no capital próprio		0	
		3 155 000	
Resultado líquido do período		1 111 065	
Total do Capital Próprio		4 266 065	
Passivo			
Passivo não corrente			
Provisões		0	
Financiamentos obtidos		560 000	
Responsabilidades por benefícios pós-emprego		0	
Passivos por impostos diferidos		0	
Outras contas a pagar		0	
		560 000	
Passivo corrente			
Fornecedores		873 500	
Adiantamentos de clientes		45 000	
Estado e outros entes públicos		460 927	
Financiamentos obtidos		140 000	
Outras dívidas a pagar		225 000	
Diferimentos		0	
Passivos financeiros detidos para negociação		0	
Outros passivos financeiros		0	
Passivos não correntes detidos para venda		0	
		1 744 427	
Total do Passivo		2 304 427	
Total do Capital Próprio e do Passivo		6 570 492	

c) Cálculo da rubrica de Recebimentos de Clientes da DFC

Valores em €

Vendas	13 520 900,0	
+ IVA liquidado	3 109 807,0	23%
– Descontos de pronto pagamento concedidos	–224 000,0	
– IVA regularizações	–51 520,0	23%
+ Saldo inicial de clientes (31/12/N–1)	533 721,0	
– Saldo final de clientes (31/12/N)	–410 550,0	
+ Saldo final de adiantamentos de clientes	45 000,0	
+ IVA liquidado (dos adiantamentos)	10 350,0	
Recebimentos de clientes	16 533 708,0	

EXERCÍCIO 4.8

A sociedade ÚLTIMA TENTATIVA, Lda. dedica-se à comercialização de eletrodomésticos. É sujeito passivo de IVA à taxa de 23%. No final do ano N apresentava o seguinte balancete de verificação:

Valores em €

BALANCETE DE VERIFICAÇÃO DO RAZÃO em 31/12/N	Saldos	
	Devedores	**Credores**
11 Caixa	1 960	0
12 Depósitos à ordem	46 900	0
13 Depósitos a prazo	24 000	0
14 Outros instrumentos financeiros	4 400	0
21 Clientes	80 940	11 200
211 Clientes c/c	65 740	0
212 Clientes títulos a receber	4 000	0
213 Clientes de cobrança duvidosa	11 200	0
219 Perdas por imparidade acumuladas	0	11 200
22 Fornecedores		86 520
221 Fornecedores c/c		79 520
222 Fornecedores títulos a pagar		7 000
24 Estado e outros entes públicos	12 500	24 160
241 Imposto sobre o rendimento	4 900	
242 Retenção de impostos sobre rendimentos		5 560
243 Imposto sobre o valor acrescentado	7 600	16 940
245 Contribuições para a segurança social		1 660
25 Financiamentos obtidos	0	240 000

Valores em €

BALANCETE DE VERIFICAÇÃO DO RAZÃO em 31/12/N	Saldos	
	Devedores	Credores
27 Outras contas a receber e a pagar	25 200	7 360
28 Diferimentos	0	12 000
29 Provisões	0	10 000
31 Compras	1 029 200	25 600
311 Mercadorias	1 029 200	
318 Descontos e abatimentos em compras		25600
32 Mercadorias	96 000	0
38 Recl. e regularização de inventários e ativos biológicos	5 000	
41 Investimentos financeiros	50 000	0
42 Propriedades de investimento	236 000	
43 Ativos fixos tangíveis	1 008 800	169 480
431 Terrenos	240 000	
432 Edifícios e outras construções	480 000	
433 Equipamento básico	288 800	
438 Depreciações acumuladas	0	169 480
44 Ativos Intangíveis	24 000	0
51 Capital	0	800 000
55 Reservas	0	90 000
59 Resultados transitados	5 600	0
62 Fornecimentos e serviços externos	116 000	0
63 Gastos com o pessoal	207 900	0
64 Gastos de depreciação e de amortização	52 880	
68 Outros Gastos	14 600	0
69 Gastos e perdas de financiamento	12 600	0
71 Vendas	8 800	1 548 000
711 Mercadorias		1 548 000
718 Descontos e abatimentos em vendas	8 800	
78 Outros rendimentos	0	38 960
TOTAL	3 063 280	3 063 280

Sabe-se ainda que:

1) Pagamento, por transferência bancária, da renda mensal do edifício onde estão instalados os seus escritórios (no montante de 1000 €), referente ao mês de janeiro de N+1.
2) Imputação da estimativa de férias e subsídio de férias, incluindo encargos por conta da empresa, no valor de 12 500 €.

3) O desenvolvimento da rubrica Clientes de cobrança duvidosa é o seguinte:
   Cliente A 6200 €
   Cliente B 5000 €
   Admite-se que relativamente ao Cliente A, o risco de perda venha a ser de 80 % sobre o valor da sua dívida. Em 21/12/N, o Cliente B enviou um cheque de 4500 € para saldar a sua conta, tendo sido já registado em clientes c/c. O restante foi considerado dívida incobrável.
4) Recebimento do juro anual antecipado líquido de 1200 €, referente a um depósito a prazo com vencimento em 01/12/N. Taxa de retenção na fonte de 28%.
5) Em 31/12/N, por contagem física e avaliação dos inventários, foi apurado um valor de 64 600 €. Contudo, este procedimento permitiu identificar alguns eletrodomésticos que se encontravam em armazém há mais de doze anos e que foram considerados monos, pelo que o valor realizável dos inventários foi estimado em 61 800 €.

PRETENDE-SE:

1. Registe no diário-razão as operações de retificação acima descritas.
2. Proceda ao apuramento dos resultados no razão, considerando uma taxa de imposto sobre rendimento de 21%.
3. Elabore a Demonstração dos Resultados por Naturezas, do ano N, e o Balanço da ÚLTIMA TENTATIVA, Lda., à data de 31/12/N (utilize os modelos reduzidos).

RESOLUÇÃO - EXERCÍCIO 4.8

1) Operações de retificação de contas:

N.º	Descrição	Contas		Valor (€)	
		Débito	*Crédito*		
A		281		1 000,00	
	Pagamento da renda de Janeiro de N+1		242	150,00	
			12	850,00	
B	Estimativa de férias e subsídio de férias de N	63	2722	12 500,00	
C	Reversão de perdas por imparidade de clientes:	219	76211	5 740,00	a)
	Reversão da cobrança duvidosa	211	213	5 740,00	
	Utilização da perda por imparidade anteriormente registada	219	213	500,00	
D	Pelo recebimento do juro em N	12		1 200,00	
	Retenções na fonte efetuada por terceiros	241		300,00	
	Reconhecimento dos rendimentos do exercício		7911	125,00	
	Rendimentos a reconhecer		282	1 375,00	
E	Transferência das compras de matérias-primas	32	311	1 029 200,00	
	Transferência do valor de descontos em compras	318	32	25 600,00	
	Regularização de existências	32	38	5 000,00	
	Apuramento do custo das mercadorias vendidas	611	32	1 040 000,00	b)
	Criação de perdas por imparidade	652	329	2 800,00	c)

a)

Variação do risco de incobrabilidade do Cliente A

N - 1	100% × 6200,00	6200,00
N	80% × 6200,00	4960,00
Redução do risco		1240,00

No caso do Cliente B, como existe a certeza de incobrabilidade de parte da dívida, é necessário anular a PPI correspondente à parcela não recebida de 500 € (5000 € – 4500 €), já reconhecida como gasto aquando da PPI. Como relativamente a esta dívida já tinha sido reconhecida uma perda por imparidade no período anterior (de 5000 €), são dois os ajustamentos a registar:

Quanto à dívida liquidada (4500 €): reversão de perda por imparidade;

Quanto à dívida incobrável (500 €): utilização da perda por imparidade acumulada.

b) CMV = Compras líquidas + Inv. Iniciais +/– Regularizações – Inv. Finais

compras	desc. Compras	Inv. Iniciais	regularizações
1 029 000,00	25 600,00	96 000,00	5000,00

Inv. Finais = 64 600,00
CMV = 1 040 000,00

c) Valor realizável líquido dos inventários = 61 800,00
Inventários finais = 64 600,00
Perdas por imparidade em inventários = 2 800,00

Valores em €

BALANCETE RETIFICADO em 31/12/N	Saldos	
	Devedores	**Credores**
11 Caixa	1 960	0
12 Depósitos à ordem	47 250	0
13 Depósitos a prazo	24 000	0
14 Outros instrumentos financeiros	4 400	0
21 Clientes	80 440	4 960
211 Clientes c/c	71 480	0
212 Clientes títulos a receber	4 000	0
213 Clientes de cobrança duvidosa	4 960	0
219 Perdas por imparidade acumuladas	0	4 960
22 Fornecedores	0	86 520
221 Fornecedores c/c	0	79 520
222 Fornecedores títulos a pagar	0	7 000
24 Estado e outros entes públicos	12 800	24 310
241 Imposto sobre o rendimento	5 200	0
242 Retenção de impostos sobre rendimentos	0	5 710
243 Imposto sobre o valor acrescentado	7 600	16 940
245 Contribuições para a segurança social	0	1 660
25 Financiamentos obtidos	0	240 000
27 Outras contas a receber e a pagar	25 200	19 860
28 Diferimentos	1 000	13 375
29 Provisões	0	10 000
31 Compras	1 054 800	1 054 800
311 Mercadorias	1 029 200	1 029 200
318 Descontos e abatimentos em compras	25 600	25 600
32 Mercadorias	61 800	0
38 Recl. e regular. de inventários e ativos biológicos	5 000	5 000
41 Investimentos financeiros	50 000	0
42 Propriedades de investimento	236 000	0
43 Ativos Fixos Tangíveis	1 008 800	169 480

Valores em €

BALANCETE RETIFICADO em 31/12/N	Saldos	
	Devedores	Credores
431 Terrenos	240 000	0
432 Edifícios e outras construções	480 000	0
433 Equipamento básico	288 800	0
438 Depreciações acumuladas	0	169 480
44 Ativos intangíveis	24 000	0
51 Capital	0	800 000
55 Reservas	0	90 000
59 Resultados transitados	5 600	0
61 Custo das mercadorias vendidas e das matérias consumidas	1 040 000	0
62 Fornecimentos e serviços externos	116 000	0
63 Gastos com o pessoal	220 400	0
64 Gastos de depreciação e de amortização	52 880	0
65 Perdas por imparidade	2 800	0
68 Outros gastos e perdas	14 600	0
69 Gastos e perdas de financiamento	12 600	0
71 Vendas	8 800	1 548 000
711 Mercadorias	0	1 548 000
718 Descontos e abatimentos em vendas	8 800	0
76 Reversões	0	5 740
78 Outros rendimentos e ganhos	0	38 960
79 Juros, dividendos e outros rendimentos similares	0	125
TOTAL	4 111 130	4 111 130

2) Apuramento dos resultados

N.º	Descrição	Contas		Valor
		Débito	Crédito	(€)
1.	Apuramento dos Resultados Antes de Impostos	811	61	1 040 000,00
		811	62	116 000,00
		811	63	220 400,00
		811	64	52 880,00
		811	65	2 800,00
		811	68	14 600,00
		811	69	12 600,00
		71	811	1 539 200,00
		76	811	5 740,00
		78	811	38 960,00
		79	811	125,00
2.	Estimativa de imposto	8121	2413	31 186,25
3.	Apuramento do Resultado Antes de Imposto (RAI)	811	818	124 745,00
4.	Apuramento do Resultado Líquido do Exercício	818	8121	31 186,25

Resultado Líquido do período (saldo da 818) 93 558,75€

3) Demonstração dos resultados por naturezas.

Entidade: ÚLTIMA TENTATIVA, Lda.
Demonstração dos Resultados por Naturezas
Período findo em 31 de Dezembro de N

Valores em €

Rendimentos e gastos	Notas	Períodos	
		N	N-1
Vendas e serviços prestados		1 539 200,00	
Subsídios à exploração		0,00	
Variação nos inventários da produção		0,00	
Trabalhos para a própria entidade		0,00	
Custo das mercadorias vendidas e das matérias consumidas		-1 040 000,00	
Fornecimentos e serviços externos		-116 000,00	
Gastos com o pessoal		-220 400,00	
Ajustamentos de inventários (perdas/reversões)		-2 800,00	
Imparidade de dívidas a receber (perdas/reversões)		5 740,00	
Provisões (aumentos/reduções)		0,00	
Outras imparidades (perdas/reversões)		0,00	
Aumentos/reduções de justo valor		0,00	
Outros rendimentos		38 960,00	
Outros gastos		-14 600,00	
Resultado antes de depreciações, gastos de financiamento e impostos		190 100,00	
Gastos/reversões de depreciação e de amortização		-52 880,00	
Resultado operacional (antes de gastos de financiamento e impostos)		137 220,00	
Juros e rendimentos similares obtidos		125,00	
Juros e gastos similares suportados		-12 600,00	
Resultado antes de impostos		124 745,00	
Imposto sobre o rendimento do período		31 186,25	
Resultado líquido do período		93 558,75	

Entidade: ÚLTIMA TENTATIVA, Lda.
Balanço em 31 de Dezembro de N

Valores em €

Rubricas	Notas	Datas	
		31 Dez N	**31 Dez N-1**
ATIVO			
Ativos não correntes			
Ativos fixos tangíveis		839 320,00	
Ativos intangíveis		24 000,00	
Investimentos financeiros		50 000,00	
Créditos e outros ativos não correntes		236 000,00	
		1 149 320,00	0,00
Ativos correntes			
Inventários		61 800,00	
Clientes		75 480,00	
Estado e outros entes públicos		12 800,00	
Capital subscrito e não realizado		0,00	
Outros créditos a receber		25 200,00	
Diferimentos		1 000,00	
Outros ativos correntes		4 400,00	
Caixa e depósitos bancários		73 210,00	
		253 890,00	0,00
Total do Ativo		1 403 210,00	0,00
CAPITAL PRÓPRIO E PASSIVO			
Capital próprio			
Capital subscrito		800 000,00	
Ações (quotas) próprias		0,00	
Outros instrumentos de capital próprio		0,00	
Prémios de emissão		0,00	
Reservas legais		90 000,00	
Outras reservas		0,00	
Resultados transitados		–5 600,00	
Excedentes de revalorização		0,00	
Ajustamentos/outras variações no capital próprio		0,00	
		884 400,00	0,00
Resultado líquido do período		93 558,75	
Total do Capital Próprio		977 958,75	
Passivo			
Passivo não corrente			
Provisões		10 000,00	
Financiamentos obtidos		200 000,00	
Outras dívidas a pagar		0,00	
		210 000,00	0,00
Passivo corrente			
Fornecedores		86 520,00	
Estado e outros entes públicos		55 496,25	
Financiamentos obtidos		40 000,00	
Diferimentos		13 375,00	
Outros passivos correntes		19 860,00	
		215 251,25	
Total do Passivo		425 251,25	
Total do Capital Próprio e do Passivo		1 403 210,00	

EXERCÍCIO 4.9

A sociedade CALÇABEM, Lda. dedica-se à comercialização de calçado. No final do mês de dezembro do ano N, após efetuada a verificação de contas, a empresa apresentava o seguinte balancete de retificado:

Valores em €

BALANCETE RETIFICADO, EM 31 DE DEZEMBRO DE N	Saldos	
	Devedores	Credores
11 Caixa	10 000	0
12 Depósitos à ordem	46 675	0
13 Outros depósitos bancários	75 000	0
14 Outros instrumentos financeiros	60 000	0
21 Clientes	99 175	13 250
211 Clentes c/c	87 925	0
213 Clientes de cobrança duvidosa	11 250	0
218 Adiantamentos de clientes		2 000
219 Perdas por imparidade acumuladas	0	11 250
22 Fornecedores	0	66 925
24 Estado e outros entes públicos	18 750	109 500
241 Imposto sobre o rendimento	18 750	0
242 Retenção de impostos sobre rndimentos	0	7 000
243 Imposto sobre o valor acrescentado	0	78 175
245 Contribuições para a Segurança Social	0	24 325
25 Financiamentos obtidos	0	75 000
27 Outras contas a receber e a pagar	725	44 625
28 Diferimentos	125	12 500
31 Compras	1 519 500	50 900
311 Mercadorias	1 519 500	0
318 Descontos e abatimentos em compras	0	50 900
32 Mercadorias	96 650	0
38 Reclassificação e regularização de inv. e ativos biológicos	2 500	0
42 Propriedades de investimento	80 000	0
43 Ativos fixos tangíveis	355 550	81 750
51 Capital subscrito	0	150 000
55 Reservas	0	38 175
56 Resultados transitados		21 500
58 Excedentes de revalorização de ativos fixos tangíveis e intangíveis	0	87 500
62 Fornecimentos e serviços externos	613 250	0
63 Gastos com o pessoal	420 000	0
68 Outros gastos	78 250	0
69 Gastos de financiamento	10 750	0
71 Vendas	0	2 674 288
76 Reversões	0	4 613
77 Ganhos por aumentos do justo valor	0	10 750
78 Outros rendimentos	0	32 250
79 Juros, dividendos e outros rendimentos similares	0	13 375
TOTAL	3 486 900	3 486 900

Por lacunas no tratamento da informação, faltava ainda o registo das seguintes situações:

a) Pagamento por transferência bancária no valor de 2940 €, em 1 de dezembro de N, relativo aos honorários da advogada Soraia Correia dos meses de dezembro de N a fevereiro de N+1. Estes rendimentos estão sujeitos a uma retenção na fonte à taxa de 25% e à taxa de IVA de 23%.
b) Por lapso, em 1 de dezembro de N, não foi efetuado qualquer registo relativamente à transferência de um depósito a prazo, no valor de 50 000 €, para depósitos à ordem. Este depósito rendeu juros anuais líquidos no valor de 1080 € (retenção na fonte à taxa liberatória de 28%).
c) A empresa segue o critério fiscal para a constituição das perdas por imparidade das dívidas de cobrança duvidosa, tendo-se obtido a seguinte informação:

Cliente	Montante da dívida	Vencimento em
A	2000 €	01/08/N
B	8000 €	01/08/N-1
C	1500 €	31/07/N-2

Critério Fiscal	
Dívidas em mora	Provisão
De 6 a 12 meses	25%
De 12 a 18 meses	50%
De 18 a 24 meses	75%
Mais de 24 meses	100%

d) Registo das depreciações do exercício do ativo fixo tangível no valor de 45 775 €.
e) A sociedade apurou em 31/12/N o valor de 35 400 € de inventários.

PRETENDE-SE QUE:

1. Registe no razão as operações de retificação acima descritas.
2. Proceda ao apuramento dos resultados no razão, considerando uma taxa de imposto sobre rendimento de 25%.
3. Considerando o Balanço de 31/12/N da CALÇABEM, Lda., ainda incompleto, calcule os valores de **A** a **J**.

Entidade: CALÇABEM, Lda.
Balanço em 31 de Dezembro de N

Valores em €

Rubricas	Notas	Datas	
		31 Dez N	**31 Dez N-1**
ATIVO			
Ativo não corrente			
Ativos fixos tangíveis		**A**	
Ativos intangíveis		0	
Investimentos financeiros		0	
Créditos e outros ativos não correntes		80 000	
		B	
Ativo corrente			
Inventários		35 400	
Clientes		93 675	
Estado e outros entes públicos		**C**	
Capital subscrito e não realizado		0	
Outros créditos a receber		600	
Diferimentos		2 125	
Outros ativos correntes		60 000	
Caixa e depósitos bancários		129 815	
		D	
Total do Ativo		**630**	
CAPITAL PRÓPRIO E PASSIVO			
Capital próprio			
Capital subscrito		150 000	
Ações (quotas) próprias		0	
Outros instrumentos de capital próprio		0	
Prémios de emissão		0	
Reservas legais		30 000	
Outras reservas		8 175	
Resultados transitados		21 500	
Excedentes de revalorização		87 500	
Ajustamentos/outras variações no capital próprio		0	
		297	
Resultado líquido do período		**E**	
Total do Capital Próprio		**F**	
Passivo			
Passivo não corrente			
Provisões		0	
Financiamentos obtidos		50 000	
Outras dívidas a pagar		0	
		50	
Passivo corrente			
Fornecedores		66 925	
Estado e outros entes públicos		**G**	
Financiamentos obtidos		25 000	
Diferimentos		12 500	
Outros passivos correntes		46 625	
		H	
Total do Passivo		**I**	0
Total do Capital Próprio e do Passivo		**J**	0

RESOLUÇÃO – EXERCÍCIO 4.9

1) Retificação de contas

N.º	Descrição	Contas		Valor (€)	Notas
		Débito	Crédito		
a)	Honorários do ano	6224		1 000	i)
	Diferimento de honoráros	281		2 000	
	IVA dedutível	24323		690	23%
	Pagamento de honorários		12	2 940	
	Retenção na fonte		2422	750	25,00%
b)	Levantamento do depósito	12	13	50 000	
	Juros líquidos recebidos	12		1 080	ii)
	Retenção na fonte de impostos	241		420	28%
	Pagamento de honorários		7991	1 375	11 meses
	Retenção na fonte		2721	125	1 mês
c)	Diminuição dos clientes de cobrança duvidosa	2111	213	5 750	iii)
	Reversão das PPI	219	7621	5 750	
d)	Depreciações do exercício	642	438	55 875	
e)	Transferência do valor de compras	32	311	1 519 500	
	Transferência das devoluções	318	32	50 900	
	Transferência das regularizações	32	38	2 500	
	Transferência do valor do CMV	61	32	1 532 350	iv)

i)	Honorários brutos	3 000		
	Honorários líquidos	2 940		
	IVA dedutível	690	23%	IVA
	Retenção na fonte de IRS	750	25%	IRS
	Honorários do ano	1 000	1,00	mês
	Gastos a reconhecer	2 000	2,00	meses
ii)	Rendimento líquido	1 080		
	Retenção na fonte	420	0,28	
	Rendimento bruto do ano	1 375	11,00	meses
	Devedores por acréscimos de rendimentos	125	1,00	mês

		Valor	Mora	Imparidade
iii)	Dívidas	Valor	Mora	Imparidade
	Cliente A	2 000	4 meses	0
	Cliente B	8 000	16 meses	4 000
	Cliente C	1 500	28 meses	1 500
				5500
	Perdas por imparidade acumuladas			11 250
	Reversão de PPI			5 750

iv)	Cálculo do CMVMC	
	Inventários iniciais	96 650
	Compras	1 468 600
	Regularização de inventários	2 500
	Inventários finais	(35 400)
	CMVMC	1 532 350

Valores em €

BALANCETE RETIFICADO, EM 31 DE DEZEMBRO DE N	Saldos	
	Devedores	Credores
11 Caixa	10 000	0
12 Depósitos à ordem	94 815	0
13 Outros depósitos bancários	25 000	0
14 Outros instrumentos financeiros	60 000	0
21 Clientes	99 175	7 500
211 Clentes c/c	93 675	0
213 Clientes de cobrança duvidosa	5 500	0
218 Adiantamentos de clientes		2 000
219 Perdas por imparidade acumuladas	0	5 500
22 Fornecedores	0	66 925
24 Estado e outros entes públicos	19 170	109 560
241 Imposto sobre o rendimento	19 170	0
242 Retenção de impostos sobre rendimentos	0	7 750
243 Imposto sobre o valor acrescentado	0	77 485
245 Contribuições para a segurança social	0	24 325
25 Financiamentos obtidos	0	75 000
27 Outras contas a receber e a pagar	600	44 625
28 Diferimentos	2 125	12 500
31 Compras	0	0
311 Mercadorias	0	0
318 Descontos e abatimentos em compras	0	0
32 Mercadorias	35 400	0
38 Reclassificação e reg. de inv. e ativos biológicos	0	0
42 Propriedades de investimento	80 000	
43 Activos fixos tangíveis	355 550	137 625
51 Capital	0	150 000
55 Reservas	0	38 175
56 Resultados transitados	0	21 500
58 Excedentes de revalorização	0	87 500
61 Custo das mercadorias vendidas e das matérias consumidas	1 532 350	0
62 Fornecimentos e serviços externos	614 250	0
63 Gastos com o pessoal	420 000	0
64 Gastos de depreciação e de amortização	55 875	0
68 Outros gastos e perdas	78 250	0
69 Gastos e perdas de financiamento	10 750	0
71 Vendas	0	2 674 288
76 Reversões	0	10 363
77 Ganhos por aumentos do justo valor	0	10 750
78 Outros rendimentos e ganhos	0	32 250
79 Juros, dividendos e outros rendimentos similares	0	14 750
TOTAL	3 493 310	3 493 310

2) Apuramento de resultados

N.º	Descrição	Contas		Valor
		Débito	Crédito	(€)
1.	Apuramento dos Resultados Antes de Impostos	811	61	1 532 350
		811	62	614 250
		811	63	420 000
		811	64	55 875
		811	68	78 250
		811	69	10 750
		71	811	2 674 288
		76	811	10 363
		77	811	10 750
		78	811	32 250,0
		79	811	14 750
2.	Imposto estimado para o período	8121	2413	6 494,25
		818	8121	6 494,25
3.	Apuramento do Resultado Líquido do Exercício	811	818	30 925,00

3)

Entidade: CALÇABEM, Lda.
Balanço em 31 de Dezembro de N

Valores em €

Rubricas	Notas	Datas	
		31 Dez N	31 Dez N-1
ATIVO			
Ativos não correntes			
Ativos fixos tangíveis		**217 925**	**A**
Ativos intangíveis		0	
Investimentos financeiros		0	
Créditos e outros ativos financeiros não correntes		80 000	
		297 925	**B**
Ativos correntes			
Inventários		35 400	
Clientes		93 675	
Estado e outros entes públicos		**12 676**	**C**
Capital subscrito e não realizado		0	
Outros créditos a receber		600	
Diferimentos		2 125	
Outros ativos correntes		60 000	
Caixa e depósitos bancários		129 815	
		334 291	**D**
Total do Ativo		632 216	
CAPITAL PRÓPRIO E PASSIVO			
Capital próprio			
Capital subscrito		150 000	
Ações (quotas) próprias		0	
Outros instrumentos de capital próprio		0	
Prémios de emissão		0	
Reservas legais		30 000	
Outras reservas		8 175	
Resultados transitados		21 500	
Excedentes de revalorização		87 500	
Ajustamentos/outras variações no capital próprio		0	
		297 175	0
Resultado líquido do período		**24 431**	**E**
Total do Capital Próprio		**321 606**	**F**
Passivo			
Passivo não corrente			
Provisões		0	
Financiamentos obtidos		50 000	
Outras dívidas a pagar		0	
		50 000	0
Passivo corrente			
Fornecedores		66 925	
Estado e outros entes públicos		**109 560**	**G**
Financiamentos obtidos		25 000	
Diferimentos		12 500	
Outros passivos correntes		44 625	
		260 610	**H**
Total do Passivo		**310 610**	**I**
Total do Capital Próprio e do Passivo		**632 216**	**J**

EXERCÍCIO 4.10

A sociedade BIKEFOR, Lda. dedica-se ao comércio de bicicletas e produção de alguns assessórios, apresentando os seguintes elementos referentes ao seu património em 31/12/N:

Valores em €

1. Capital 150 000
2. Reservas legais 45 000
3. Outras reservas 15 000
4. Resultados transitados . . . . –10 500
5. Subsídio recebido a fundo perdido em N para aquisição de máquinas de precisão (estas máquinas foram adquiridas e entraram em funcionamento em N e têm uma taxa anual constante de depreciação de 12,5%) 28 000
6. Stock de matérias-primas em 31/12/N 19 200
7. Stock de mercadorias em 31/12/N 45 800
8. Stock de produtos acabados em 31/12/N 23 000
9. Variação nos inventários da produção entre 01/01/N e 31/12/N 2 500
10. Ativos fixos tangíveis 270 000
11. Software de apoio à faturação 8 000
12. Quota na sociedade SELIMFAST, Lda. 25 000
13. Amortizações acumuladas em 31/12/N (incluindo do ano N) 6 000
14. Depreciações acumuladas em 31/12/N (incluindo do ano N) 140 000
15. Dívidas de clientes em conta corrente 46 800
16. Aceites 2 200
17. Perdas por imparidade acumuladas em inventários (incluindo de N) 18 000
18. Retenções na fonte sobre juros obtidos 650
19. Retenções na fonte sobre salários dos funcionários 95 000
20. Depósitos bancários 209 550
21. Dinheiro em caixa e cheques não depositados 32 500
22. Empréstimo da CGD a começar a pagar daqui a 1 ano 60 000
23. Dívidas a fornecedores correntes 38 600
24. Dívida de curto prazo ao fornecedor de equipamento informático . . . 9 500
25. Dívida à Segurança Social 2 100

26. IVA a pagar. 14 500
27. Custo das mercadorias vendidas e das matérias consumidas. 520 000
28. Fornecimentos e serviços externos 230 000
29. Remunerações e encargos 420 000
30. Depreciações do período. 33 000
31. Amortizações do período 2 000
32. Perdas por imparidade em mercadorias (ocorridas em N) 2 500
33. Outros gastos operacionais 13 100
34. Vendas líquidas. 1 350 000
35. Outros rendimentos operacionais 32 500
36. Juros pagos à banca 3 450
37. Juros obtidos 2 250

Outras informações:

1. A BIKEFOR, Lda. tem um seguro anual no valor de 9600 € para cobertura dos riscos associados ao recheio das instalações da empresa, com início em 01/12/N.
2. A BIKEFOR, Lda. é proprietária de um armazém adquirido em N-5 por 72 000 € e atualmente arrendado a uma empresa oficina de automóveis, a qual paga uma renda mensal no valor de 2100 € no dia 20 do mês anterior ao do respetivo usufruto (este imóvel não está sujeito a depreciação).
3. Devido ao processo de insolvência do cliente Bicla, Lda., a direção da BIKEFOR, Lda. considera que existe elevada probabilidade da empresa não receber os 12 000 € em dívida corrente deste cliente.
4. A BIKEFOR, Lda. utiliza o Sistema de Inventário Permanente na contabilização e registo dos seus inventários.
5. A taxa de IRC é de 21%.

PRETENDE-SE:

1. Preencha a Demonstração dos Resultados por Naturezas do ano N (modelo reduzido).
2. Preencha o Balanço referente a 31/12/N (modelo reduzido).

EXERCÍCIO 4.11

Relativamente à empresa Vialuz, Lda., que se dedica à comercialização de candeeiros, considere os seguintes elementos referentes ao seu património em 31/12/N:

Valores em €

1	Custo das Mercadorias Vendidas e das Matérias Consumidas	5 941 500
2	Direitos de comercialização do candeeiro planetário	30 000
3	Ofertas de mercadorias (atribuídas por fornecedores em N)	85 200
4	Ativos fixos tangíveis	4 017 304
5	Outras reservas	48 000
6	Propriedades de investimento	125 000
7	Resultados transitados	11 117
8	Depreciações acumuladas dos ativos fixos tangíveis em 31/12/N (incluindo do ano N)	1 162 692
9	Capital subscrito	1 500 000
10	*Software*	48 000
11	Quebras de mercadorias (em N)	3 360
12	*Stock* de mercadorias em 31/12/N	330 000
13	Reservas legais	300 000
14	IVA a pagar	109 140
15	Dívidas a fornecedores	524 100
16	Amortizações (em N)	15 000
17	Aumentos do justo valor relativo à propriedade de investimento (em N)	10 660
18	Dívidas correntes de clientes	145 000
19	IVA a reembolsar	14 100
20	Perdas por imparidade acumuladas em dívidas de clientes	8 850
21	Financiamento bancário a pagar em 4 anos (reembolsos anuais constantes)	300 000
22	Depósitos bancários e dinheiro em caixa	50 460
23	Dívida à Segurança Social	49 200
24	Perdas por imparidade de mercadorias (em N)	8 695
25	Retenções na fonte efetuadas terceiros (IRC)	39 330
26	Dívida a TI, Lda. – aquisição computadores e software (pagamento em N+2)	115 200
27	Descoberto bancário	900
28	Descontos de pronto pagamento concedidos	134 400
29	Remunerações e encargos sobre remunerações	930 000
30	Dividendos de participações em outras empresas (em N)	9 005
31	Depreciações do exercício dos ativos fixos tangíveis	324 000

32	Imposto único de circulação (carrinha comercial)	132 000
33	Vendas líquidas	8 112 540
34	Fornecimentos e serviços externos	272 950
35	Transferência bancária relativa a subsídios à exploração (projeto de formação a decorrer em N+1)	60 000
36	Juros (anuais) de financiamento de 01/03/N (a pagar em N+1)	21 000
37	Pagamento das apólices de seguros anuais em 01/05/N	2 400
38	Vendas de mercadorias já entregues e ainda não faturadas	3 400
39	Subsídios de férias e respetivos encargos a pagar em N+1	135 000

PEDIDOS:

1. Complete a Demonstração dos Resultados por Naturezas, do ano N, considerando uma taxa de IRC de 21%.
2. Complete o Balanço referente a 31/12/N.

EXERCÍCIO 4.12

A sociedade Requinte da Casa, S.A. é uma empresa conceituada no desenvolvimento de mobiliário. A entidade utiliza o sistema de inventário permanente no registo dos seus inventários e é sujeito passivo de IVA à taxa normal (23%). Em 31 de Dezembro do ano N, o seu balancete de verificação apresentava os seguintes valores (euros):

Valores em €

	Saldos	
	Devedores	**Credores**
11 Caixa	5 380,00	0,00
12 Depósitos à ordem	63 420,00	0,00
14 Instrumentos financeiros	3 500,00	0,00
21 Clientes	37 000,00	0,00
22 Fornecedores	5 000,00	35 000,00
24 Estado e outros entes públicos	5 325,00	16 200,00
25 Financiamentos obtidos	0,00	95 000,00
32 Mercadorias	45 600,00	0,00
41 Investimentos financeiros	130 000,00	0,00
43 Ativos fixos tangíveis	312 865,00	125 735,00
433 Equipamento básico	312 865,00	0,00
438 Depreciações acumuladas	0,00	125 735,00
44 Ativos intangíveis	25 000,00	
51 Capital	0,00	300 000,00
55 Reservas	0,00	34 865,00
56 Resultados transitados	2 520,00	0,00
61 CMVMC	222 230,00	0,00
62 Fornecimentos e serviços externos	44 580,00	0,00
63 Gastos com pessoal	75 680,00	0,00
64 Gastos de depreciação	15 680,00	0,00
69 Gastos de financiamento	2 800,00	0,00
71 Vendas	0,00	363 800,00
78 Outros rendimentos	0,00	25 980,00
TOTAL	996 580,00	996 580,00

Sabe-se ainda que, depois de efetuada uma verificação cuidadosa às contas da sociedade, foram detetados os seguintes factos patrimoniais que exigem tratamento contabilístico:

1. O financiamento bancário de 95 000 € foi obtido, no Banco BIP, no dia 30 setembro do ano N. Será liquidado em 5 parcelas anuais iguais, vencendo-se a primeira em 1 outubro de N+1. A taxa de juro acordada foi de 6% (ao ano) e os juros são pagos na mesma data das amortizações do capital.
2. No início de outubro de N, foi paga e contabilizada integralmente em gastos de N, a apólice anual do seguro contra incêndio, no valor de 12 000 €, referente ao período de 01/10/N a 30/09/N+1.
3. Em 31/12/N, ao proceder à contagem física e avaliação dos inventários, identificou-se que algumas das cómodas para venda, que se encontravam em armazém há mais de cinco anos, estavam obsoletas, o que viria a reduzir o valor realizável líquido dos inventários em 12 500 €.
4. O ativo intangível que consta no balancete representa o valor do *goodwill,* decorrente da aquisição da participação financeira de 45% na empresa Mobilarte, Lda. Ainda não se procedeu ao registo das amortizações do período.

PRETENDE-SE:

A. Efetue o registo contabilístico das operações de regularização do exercício.
B. Proceda ao registo contabilístico do apuramento de resultados do ano N da Requinte da Casa, S.A., no razão, considerando uma taxa de imposto sobre rendimento de 21%.
C. Complete o seguinte Balanço de 31/12/N da Requinte da Casa, S.A., calculando os valores de A a J.

Entidade: REQUINTE DA CASA, S.A.
Balanço em 31 de dezembro de N

Valores em €

Rubricas	Datas	
	31 Dez N	**31 Dez N-1**
ATIVO		
Ativo não corrente		
Ativos fixos tangíveis	**A**	
Ativos intangíveis	**B**	
Investimentos financeiros	130 000,00	
Créditos e outros ativos não correntes	0,00	
	339 630,00	
Ativo corrente		
Inventários	33 100,00	
Clientes	37 000,00	
Estado e outros entes públicos	**C**	
Capital subscrito e não realizado	0,00	
Outros créditos a receber	0,00	
Diferimentos	**D**	
Outros ativos correntes	3 500,00	
Caixa e depósitos bancários	68 800,00	
	156 725,00	
Total do Ativo	496 355,00	
CAPITAL PRÓPRIO E PASSIVO		
Capital próprio		
Capital subscrito	300 000,00	
Ações (quotas) próprias	0,00	
Outros instrumentos de capital próprio	0,00	
Prémios de emissão	0,00	
Reservas legais	34 865,00	
Outras reservas	0,00	
Resultados transitados	**E**	
Excedentes de revalorização	0,00	
Ajustamentos/outras variações no capital próprio	0,00	
	F	
Resultado líquido do período	**G**	
Total do Capital Próprio	349 239,15	
Passivo		
Passivo não corrente		
Provisões	0,00	
Financiamentos obtidos	76 000,00	
Outras dívidas a pagar	0,00	
	76 000,00	
Passivo corrente		
Fornecedores	30 000,00	
Estado e outros entes públicos	**H**	
Financiamentos obtidos	**I**	
Diferimentos	0,00	
Outros passivos correntes	**J**	
	71 115,85	
Total do Passivo	147 115,85	
Total do Capital Próprio e do Passivo	496 355,00	

EXERCÍCIO 4.13

Relativamente à empresa TETRIS, Lda., que se dedica à comercialização de equipamento informático, considere os seguintes elementos referentes ao seu património em 31/12/N:

Valores em €

1	Capital	60 000,00
2	Reservas legais	24 000,00
3	Outras reservas	6 000,00
4	Resultados transitados	-9 000,00
5	Compras líquidas durante o ano N	384 000,00
6	*Stock* de mercadorias em 01/01/N	49 500,00
7	*Stock* de mercadorias em 31/12/N	38 700,00
8	Perdas por imparidade acumuladas em inventários (incluindo do ano N)	5 400,00
9	Ativos fixos tangíveis	140 160,00
10	*Software* comercial	4 800,00
11	Participação de capital (30% do capital da Venus, Lda., em 01/01/N)	5 400,00
12	Amortizações acumuladas dos ativos intangíveis em 31/12/N (incluindo do ano N)	1 800,00
13	Depreciações acumuladas dos ativos fixos tangíveis em 31/12/N (incluindo do ano N)	45 600,00
14	Perdas por aplicação do método de equivalência patrimonial (resultados negativos da participada)	4 800,00
15	Dívidas de clientes em conta corrente	17 200,00
16	IVA a recuperar	2 520,00
17	Perdas por imparidade em mercadorias (ocorridas em N)	1 800,00
18	Perdas por imparidade em dívidas de clientes (ocorridas em N)	1 020,00
19	500 ações da PLANETA, S.A.	12 700,00
20	Depósitos bancários e dinheiro em caixa	47 600,00
21	Empréstimo da CGD a pagar em 5 anos	38 000,00
22	Dívidas a fornecedores correntes	12 180,00
23	Dívidas de curto prazo a empresa fornecedora de computadores e material informático	5 120,00
24	Dívida à Segurança Social	840,00
25	Serviços contratados de consultoria em contabilidade e informática	10 560,00
26	Rendas e alugueres	11 520,00
27	Seguros	8 400,00
28	Telecomunicações, água e eletricidade	28 260,00
29	Remunerações e encargos	138 000,00

30	Depreciações e amortizações do período	15 600,00
31	Outros gastos operacionais do período N, não especificados	4 800,00
32	Vendas líquidas	690 000,00
33	Outros rendimentos operacionais do período N, não especificados	23 340,00
34	Juros suportados no período N	3 000,00
35	Juros obtidos no período N	900,00
36	Renda de janeiro de N+1 já paga	960,00
37	Estimativa do consumo de eletricidade em dezembro de N (a ser faturado em N+1)	1 200,00
38	Subsídios de férias a pagar em N+1	12 000,00

PRETENDE-SE:

1. Calcule o custo das mercadorias vendidas.
2. Elabore a Demonstração dos Resultados do ano N, considerando uma taxa de IRC de 21% (complete APENAS as rubricas aplicáveis no caso da TETRIS).
3. Elabore o Balanço, modelo reduzido, referente a 31/12/N (complete APENAS as rubricas aplicáveis no caso da TETRIS).

EXERCÍCIO 4.14

A sociedade Escritório X, Lda. dedica-se à comercialização de material de escritório. A taxa de IRC do período N a aplicar a esta sociedade é de 22%. Considere os seguintes elementos referentes ao seu património em 31/12/N:

Valores em €

1. Compras líquidas durante o ano N 6 807 920
2. Custo das mercadorias vendidas e das matérias consumidas. . . . 6 603 870
3, *Stock* de mercadorias em 01/01/N 413 350
4. Capital subscrito 1 750 000
5. *Software*. 35 000
6. Ativos fixos tangíveis 4 935 574
7. Outras reservas 56 000
8. Propriedades de investimento 125 000
9. Resultados transitados 52 500
10. Depreciações acumuladas dos ativos fixos tangíveis em 31/12/N (incluindo do ano N) 1 356 474
11. Sobras de mercadorias (em N) 3 920
12. Amortização do *software* (em N) 3 500
13. Perdas por imparidade em mercadorias (em N) 10 660
14. Reservas legais 350 000
15. Dívidas a fornecedores 637 335
16. IVA a recuperar. 16 450
17. Dívida à Segurança Social 57 400
18. Dívidas de clientes em conta corrente 284 180
19. Adiantamento ao fornecedor Cartex, Lda. 700
20. Perdas por imparidade acumuladas em dívidas de clientes 10 325
21. Financiamento bancário a pagar em 5 anos (reembolsos anuais constantes) 300 000
22. Depósitos bancários e dinheiro em caixa 58 870
23. Reversões de perdas por imparidade em dívidas a receber de clientes (em N) 1 750
24. Retenções na fonte efetuadas pela sociedade sobre rendimentos 45 885
25. Financiamento (*leasing*) para a compra da frota de veículos comerciais (pagamento e 12 prestações trimestrais). 115 200

26. Descoberto bancário..1 050
27. Descontos de pronto pagamento obtidos.......................156 800
28. Remunerações e encargos sobre remunerações............... 1 085 000
29. Juros de financiamento (em N) 9 005
30. Depreciações do exercício dos ativos fixos tangíveis.............378 000
31. Impostos indiretos..132 000
32. Vendas líquidas.. 9 464 630
33. Fornecimentos e serviços externos 294 800
34. Subsídios à exploração.......................................60 000
35. Juros (anuais) de depósito a prazo de 1/10/N (a receber em N+1) 1 740
36. Pagamento da apólice do seguro anual de acidentes de trabalho em 01/11/N..2 400
37. Subsídios de férias e respetivos encargos a pagar em N+1 ....157 500
38. Recebimento em N de subsídios à exploração de N+1 ....5 000

PRETENDE-SE:

Elabore a Demonstração dos Resultados por Naturezas do ano N e o Balanço referente a 31/12/N, modelos reduzidos.

EXERCÍCIO 4.15

A sociedade ESPAÇOS IMPROVÁVEIS, S.A., que se dedica à comercialização de mobiliário de jardim, toldos e plantas de jardim, apresenta os seguintes elementos referentes ao seu património em 31/12/N:

Valores em €

1. Capital 500 000
2. Existência de mercadorias em 31/12/N 876 400
3. Reservas legais 100 000
4. Patente de comercialização do software de gestão do armazém 50 000
5. Ativos fixos tangíveis 1 819 400
6. Outras reservas 50 000
7. Edifício de armazém mensurado ao justo valor e arrendado à empresa VIA VERDE, Lda. 400 000
8. Resultados transitados 75 000
9. Custo das mercadorias vendidas 334 100
10. Depreciações acumuladas dos ativos fixos tangíveis em 31/12/N (incluindo do ano N) 900 000
11. Amortização da patente (em N). 5 000
12. Perdas por imparidade em mercadorias (em N) 5 350
13. IVA a recuperar. 23 500
14. Dívidas de clientes em conta corrente 425 300
15. Adiantamento ao funcionário José Marques. 1 000
16. Perdas por imparidade acumuladas em dívidas de clientes (incluindo do ano N) 14 750
17. Dívidas a fornecedores 873 500
18. Perdas por imparidade em dívidas de clientes (em N) 2 500
19. Depósitos bancários e dinheiro em caixa 150 000
20. Dívida à Segurança Social 82 000
21. Retenções na fonte de impostos sobre rendimentos de terceiros 65 550
22. Empréstimo do BIC a pagar em 5 anos (em reembolsos iguais). . . . 700 000
23. Adiantamentos de clientes 45 000
24. 500 ações do Grupo SONAE, detidas para negociação 1 500
25. Remunerações e encargos sobre remunerações 350 000
26. Seguros 50 000

27. Material de escritório 2 500
28. Despesas de representação em feiras nacionais e internacionais. . . . 10 000
29. Telecomunicações, água e eletricidade 12 000
30. Descontos de pronto pagamento concedidos. 51 400
31. Juros do empréstimo (em N). 13 000
32. Depreciações do exercício, dos ativos fixos tangíveis 140 000
33. Outros rendimentos operacionais 8 300
34. Vendas líquidas. 1 200 000
35. Renda do armazém arrendado referente a janeiro de N+1 já recebida em N. 5 500
36. Subsídios de férias e respetivos encargos a pagar em N+1 . . . . 125 000
37. Juros (anuais) de depósitos a prazo de 31/01/N (a receber em N+1) . . 2 500
38. Seguros já pagos em N respeitantes a N+1 . . . . 32 000

PRETENDE-SE:

1. Complete a Demonstração dos Resultados por Naturezas, do ano N, considerando uma taxa de IRC de 21%.
2. Complete o Balanço (modelo reduzido), referente a 31/12/N.